보는 대로
배우는 아이들

보는 대로 배우는 아이들

허영림 지음

아주 좋은 날

"우리 아이, 도대체 왜 그럴까요?"
아이는 보고 배우는 대로 행동할 뿐이다!

《탈무드》에 우리 인간의 일생을 동물에 비유한 내용이 있다. 유아기는 왕 모시듯 달래고 어르고 비위를 맞춰야 한다고 해서 호랑이에 비유했고, 유년기는 흙탕물을 마구 구른다고 해서 돼지에 비유했다. 소년기는 순진하게 웃고 떠들며 뛰어다녀서 새끼 양에 비유했고, 청년기는 자신감 있게 자기 힘을 과시하고 싶어해서 말에 비유했다. 장년기는 가정이라는 무거운 짐을 지고 가야 해서 당나귀에 비유했고, 중년기는 가족부양을 위해 직장에 충성하고 다른 사람들의 호의를 구해야 해서 개에 비유했으며, 노년기는 촐 싹대고 어린애 같지만 아무도 관심을 가져주지 않는다고 해서 원숭이에 비유했다.

갓난아기를 가리켜 상전이 따로 없다고 말할 때가 많다. 그만큼 부모는 어린아이를 왕 모시듯 달래면서 모든 것을 맞춰주고, 말을 하기 시작하면 천방지축 제멋대로인 아이에게 규칙과 질서를 가르치고, 학교에 들어가면 친구들과 잘 어울리면서 학업에 전념하도록 돕고, 청년기가 되면 좋아하고 잘하는 것을 찾아 직업을 가질 수 있도록 도와준다.

아이를 키우는 일에 지름길은 없다

'가정은 최초의 사회이고, 부모는 최초의 선생님이다'는 말처럼, 부모는 아이의 발달에 지속적이고 절대적인 영향을 미친다. 아이는 부모의 행동을 보고 배워서 그대로 따라 한다. 그래서 "아이는 부모의 거울"이란 말도 생겨난 것이리라. 유치원 선생님들이 아이의 평소 행동을 보고 그 부모의 모습이나 습관을 예측하면 거의 틀림이 없다고 한다. 어려서부터 부모가 보여주는 대로 배우고 자라면서 가랑비에 옷 젖듯이 서서히 닮아왔기 때문이다.

상담을 오는 부모들의 고민을 들어보면 구체적인 내용이야 조금씩 다르지만 본질적인 것은 이렇게 요약할 수 있다.

"우리 아이가 도대체 왜 이럴까요?"

"우리 아이한테 무슨 문제가 있는 걸까요?"

그런데 아이에게 어떤 문제가 있는 게 아닐까 하는 생각이 든다면 부모 자신부터 돌아보는 게 먼저다. 옛말에 "흉보면서 배운다"는 말이 있다. 아들이 아버지를 흉보고 딸이 엄마를 흉보면서 자신은 절대로 아버지, 엄마 같은 사람이 되지 않겠다고 했던 사람이 어느 순간 부모와 똑같은 행동을 하고 있는 자신을 발견할 때가 많다. 아이들은 그렇게 의도하든, 의도하지 않든 간에 일상의 부모 모습을 보고 따라 하면서 배우고 자란다.

자녀문제로 만나는 부모들에게 "아이에게 말로 가르치려 하지 말고 행동으로 가르쳐야 합니다"라고 조언하면 모두들 하나같이 난감하고 어렵다는 반응을 보인다. 따지고 보면 세상에 쉬운 일은 하나도 없다. 그런데 갓난아이를 낳아 온전한 인간으로 키워나가는 일에 있어서 어찌 간단하고 쉬운 방법이 있다고 기대할 수 있겠는가? 의도된 계획이나 실천을 하지 않으면서 의도된 방향으로 저절로 흘러가기를 바라는 것은 지나친 욕심이고, 비현실적인 기대이다. 아이를 키우는 일에 있어서는 지름길이 있을 수 없다. 만약 남들보다 쉽고 수월하게 자녀를 키울 수 있는 비결이 있다는 사람이 있다 해도 믿을 만한 것이 못 된다. 그런 것은 애초에 불가능하다.

부모의 긍정적인 변화가 먼저다

인류 역사의 흐름에서 볼 때, 가족은 조금씩 그 모양새가 다르게 진화되어 왔어도 그 안에서 발생하는 미묘한 가족 간의 상호작용과 갈등, 분노, 상처, 트라우마는 늘 존재해왔다. 그리고 그것을 해결하면서 살아가야 하는 숙제가 부모와 자식에게 지워졌다.

한 인간의 발달은 계속 역추적해서 볼 필요가 있다. 발달이라는 것은 연결선상에 있기 때문에 과거가 현재에 영향을 주고, 현재는 미래를 예측하는 중요한 단서가 된다. 즉 원인 없는 결과가 없듯이 과거와 현재는 서로 영향을 주고받는다. 이 책의 상담 내용을 학령 전 아이들로 국한시키지 않고 간혹 중고등학생과 대학생들의 내용까지 포함시킨 것은 유아기 시절을 돌이켜보면서 지금 겪고 있는 문제를 해결하는 실마리를 찾을 수 있다는 것을 알려주기 위해서이다. 또한, 상담 대상 역시 부모뿐 아니라 선생님과 원장님들까지 폭을 넓힌 것은 아이들이 진정 건강한 어른으로 자라나기 위해서는 그 교육을 맡고 있는 모든 구성원들이 함께 고민하고 도움을 주어야 한다고 생각하기 때문이다.

이 책을 읽는 부모님들 중에는 "어, 이건 우리 애 이야기네"라고 반응하는 사람이 많을 것이라고 생각한다. 그만큼 하루하루 자라는 몸과 함께 많은 것을 배워나가는 아이들의 일상적인 문제와 습관을 분석하였고, 적절한 대처법과 해결법을 제시하려고 노력했다. 이 책을 통해 아이의 긍정적인 변화가 이루어지고, 동시에 부모님들에게 솔선수범하는 변화가 생겼다는 말을 듣는다면 개인적으로 큰 보람이 될 것이다.

지면을 빌어 오랜 동안 상담 현장에서 만나왔던 모든 분들께 감사드리며, 엄마로서 자부심을 가지고 좋은 부모가 되는 길을 공부하게 해준 두 아들에게 고마운 마음을 전한다.

| 이 책의 구성 |

1부 어딜 가도 꼭 묻는 엄마들의 질문

상담실이나 강연회에서 만나는 엄마들이 가장 많이 묻는 19개의 질문을 뽑아 그 구체적인 해결방법을 담았다.

2부 어딜 가도 꼭 묻는 선생님들의 질문

어린이집이나 유치원의 선생님, 원장님들이 자주 물어오는 상담 중에서 9개의 질문을 뽑아 그 구체적인 해결방법을 담았다.

우리 아이, 왜 그럴까요?

어린이집이나 유치원에서의 아이가 집 안에서의 모습과 얼마나 어떻게 다른지를 확인할 수 있다. 부모님들이 궁금해하는 아이들의 어린이집, 유치원 생활을 cctv로 지켜보듯이 생생하게 그려냈다.

알고 나면 답이 보여요!

어린이집이나 유치원에서 보이는 아이의 문제행동에 대한 저자의 진단과 원인, 그 구체적인 해결방법을 담았다.

이것만은 꼭 기억해요!

아이의 행동을 바꾸고 싶다면 부모의 사고방식과 습관이 먼저 변해야 한다. 그때그때 부모들이 가장 신경 쓰고 노력해야 할 점을 짚어준다.

2부
어딜 가도 꼭 묻는 선생님들의 질문

4장
이유 없이 화내는 아이는 없다

5장
아이에게 병을 주는 욕심, 독이 되는 무관심

1부

어딜 가도
꼭 묻는
엄마들의
질문

1부는 부모들이 가장 궁금해하는 질문 내용을 가지고 구성하였다. 따라서 "어, 이건 우리 애 이야기네"라고 공감하는 내용이 많을 것이다. 그만큼 하루하루 자라는 몸과 함께 많은 것을 배워나가는 아이들의 일상적인 문제와 습관을 분석하였고, 적절한 대처법과 해결법을 제시하였다. 한편, 상담 내용을 학령 전 아이들로 국한시키지 않고 중고생, 대학생들의 내용까지 다루고 있는데, 이는 유아기 시절을 돌이켜보면서 지금 겪고 있는 문제를 해결하는 기회가 되기를 바라는 마음에서다.

1장

제대로 칭찬받은 아이는 자신감이 남다르다

엄마는 아이가 원하는 것을 해주면서 위안과 편안함을 주고, 아빠는 옳고 그름을 판가름해주는 최종 훈육자의 역할을 한다. 그런 부모의 역할이 조화를 이루어 아이가 목표 없이 표류하거나 방황하지 않도록 만들어준다.

"안 돼"라고 말하지 않고
아이를 키울 수 있을까요?

    두 아이를 키우면서 하루에도 몇 번씩 "안 돼", "하지 마"를 입에 달고 산다는 한 엄마와 상담을 한 적이 있다. 그러지 않으려 해도 안 된다고 했다. 요즘은 급기야 "엄마가 너희 때문에 못 살겠다", "지겨워 죽겠다"는 말까지 튀어나와서 자괴감이 들 때도 있단다. 아이들과 매일매일 전쟁을 치르는 것 같다면서 "저도 이런 제가 싫은데 아이들은 엄마가 얼마나 싫을까요?"라며 우울해했다.

아이의 자존감은 엄마의 말이 만든다

스필버그 감독의 어머니는 아들이 옳지 않은 행동을 하면 "안 돼", "하지 마"라는 말 대신에 어떻게 행동하면 되는지를 지속적으로 설명해주면서 올바른 행동을 할 때까지 믿어주고 지켜봐주었다. 예컨대 "길에 쓰레기 버리면 안 돼"가 아니라 "쓰레기는 이렇게 쓰레기통에 넣어보자"라고 가르쳤다. 이처럼 크게 성공한 사람의 뒤에는 어려서부터 그를 믿어주고 바르게 지도해준 어머니가 있다.

언젠가 집에서 아이와 주고받는 일상적인 대화를 녹음해서 들어봤다는 엄마를 만났다. 그 엄마는 녹음된 것을 듣고 너무 놀랐다고 했다. 아이에게 자신이 끊임없이 뭔가를 묻고 체크하고 명령하는데, 대부분이 하나마나한 쓸데없는 말이었단다. 게다가 아이에게 상처가 될 말들을 어찌나 거침없이 내뱉는지 '저런 말을 정녕 내가 한 거야' 싶어 잠시 숨을 멈추었단다. 특히 "빨리 숙제 안 해!", "게임 그만해!", "네 방 정리 좀 해!", "학원 가야지!"와 같은 말은 거의 명령에 가까웠다. 급기야 아이가 "엄마, 나 오늘 백 점 받았어"라고 자랑하는데, "너희 반 애들 전부가 백 점 맞은 건 아니지?"라고 되묻는 자기 목소리를 듣는 순간에는 쥐구멍을 찾고 싶은 심정이었다고 했다.

"애써 자존감을 키워줘도 모자랄 판에 제가 아이 기를 다 꺾어놓고 있더라고요."

많은 반성을 했다는 그 엄마는 아이에게 무슨 말을 하기 전에 한번 속으로 되뇌여보는 습관이 생겼다고 했다.

아무리 부모교육을 많이 받고 자녀교육서를 챙겨 읽는 사람이라도 어떤 단서나 근거 없이 스스로 자신의 잘못된 습관을 고치는 일은 쉽지 않다. 그런데 가족들이 모여 앉아 이런저런 이야기를 나누는 것을 녹음해서 들으면 본인의 행동을 객관화할 수 있어서 반성하고 고치는 계기가 될 수 있다. 이것은 생각보다 효과가 커서 어른들뿐만 아니라 아이들의 나쁜 행동을 수정할 때도 훌륭한 방법이 된다.

예컨대, 욕하는 아이에게 "그렇게 욕하면 안 돼"라고 말하는 것보다 욕하는 장면을 비디오나 동영상으로 찍어서 보여주는 것이 행동수정에 훨씬 더 효과적이다. 자신의 행동을 제3자의 시선으로 지켜본 아이는 단번에 나쁜 행동이라는 것을 깨닫게 된다. 이런 충격요법은 아이가 자신의 모습을 보고 놀라는 측면이 있기는 하지만, 잘못된 행동을 객관적으로 보여줘서 행동수정이 수월하다는 점에서 추천하고 싶은 방법이다.

유학시절 미국에서 교생실습을 한 적이 있다. 첫날 뉴욕 퀸스의 공립학교로 배정받고 담당 유치원 교사로부터 몇 가지 주의사항을 들었다. 첫 번째로 들은 충고는 유치원생들에게 "하지 마"라는 말을 사용하지 말라는 것이었다. 그 대신에 쓸 수 있는 여러 가지 표현을 알려줘서 부지런히 메모하고 사용했던 기억이 난다. 예를 들면 아이가 책상 위에 의자를 올려놓고 그 위에 블록을 높이 쌓고 있다고 치자. 이럴 때 "더 높이는 쌓지 마! 너 어찌려고 그렇게 높이 쌓는 거니? 그만해"라고 말하는 대신에 "여러분, 조심해요. 책상 아래의 친구들은 블록이 떨어지면 위험하니까 조심하도록 해요"라고 하면 된다.

당시에 나는 무슨 일을 이렇게 복잡하게 하나 생각했다. 그런데 시간이 지나고 생각해보니, 그 모든 배려가 아이들의 자율성을 고려한 것이고 부정적인 말을 듣지 않고 자라게 하려는 의도가 깔린 것이었다. 단순한 문화 차이가 아니라 더 큰 의미가 있었던 것이다.

아이와의 일상적인 대화를 녹음해서 자신이 평소에 어떤 말을 사용하는지 맘먹고 분석해보자. 아이에게 용기와 힘이 될 수 있는 말을 골라 쓴다면 우리 손에서 훌륭한 인재가 나올 수 있다.

유복자로 태어난 클린턴 대통령은 술만 마시면 구타를 일삼는 새아버지 밑에서 자랐다. 그런데 그의 어머니는 힘들고 어려운 상황에서도 "넌 세상에서 가장 소중하단다"라는 말로 자존감을 심어주었고, "넌 뭐든지 할 수 있는 아이란다"라고 용기를 불어넣어주었다. 어머니가 해주신 용기와 희망을 주는 말들이 클린턴의 인생을 바꾸어놓았다고 할 수 있다.

'따뜻한 격려'는 아이에게 좋은 스트레스

인생을 살면서 입었던 상처를 돌아보면 크고 작은 사건사고 때문인 것도 있지만 가족 간에 주고받은 사소한 말로 생긴 상처가 더 크고 오래도록 남아있는 경우가 많다. 아이를 키우는 엄마들을 보면 저마다 성격도 다르고 말하는 스타일도 다르다. 엄마들을 유심히 관찰해보면 같은 의미의 말인데도 그 말을 듣는 아이를 좌절시키고 힘들게 만드는 엄마가 있다. 자신이 하는 말이 아이 인생에 큰 상처를 남길 수 있다는 것을 모르는 것 같다.

디스트레스^{Distress}(나쁜 스트레스)가 되어 아이를 더 힘들게 만드는 말이 있는가 하면, 똑같은 뜻을 품고 있으면서도 아이에게 유스트레스^{Eustress}(좋은 스트레스)가 되어 긍정의 힘을 주는 말도 있다. '나쁜 스트레스'의 사전상의 의미는 육체적인 고통이나 공포, 근심, 치욕 따위의 회복 가능한 정신적 고통을 의미하는데, 현재 육체적, 정신적인 괴로움을 견디고 있음을 강조하는 말이다. 반면에 '좋은 스트레스'는 긍정적인 결과를 가져오는 스트레스를 가리킨다. 가령, 어렵고 고단한 작업을 성공적으로 완성시킨다든가, 많은 사람들 앞에 나가 떨리는 마음으로 상을 받는 것은 긍정적인 스트레스이다.

두 아이를 키우는 엄마가 형만큼 좋은 성적을 받아오지 못하는 동생에게 이렇게 말했다고 치자.

"넌 왜 형처럼 못하니? 늘 이 모양이어서 정말 큰일이구나."

둘째아이는 두말할 것도 없이 나쁜 스트레스를 받게 될 것이다. 그런데 같은 상황에서 "괜찮아. 다음번에 조금만 더 열심히 하면 잘할 수 있을 거야. 그래도 지난번 시험보다 성적이 올랐잖니"라고 말한다면 좋은 스트레스를 받게 된다. 둘 다 결론적으로는 '좀 더 분발해야 한다'는 메시지를 전달하는 말이지만 아이가 느끼는 체감온도는 하늘과 땅 차이다.

진정한 칭찬은 격려에서부터 시작된다. 일반적으로 칭찬은 사실에 입각해서 하기 때문에 성적이나 결과를 놓고 하게 되고, 격려는 뭔가 부족했을 때 앞으로 더 잘하라고 용기와 힘을 주는 데 목적이 있다. 그래서 칭찬은 평가의 의미가 큰 반면, 격려는 용기와 자신감을 주는 의미가 더 크다. 돌이켜보면 우리는 칭찬받을 때보다 격려받을 때 더 큰 위로를 받고 힘을 얻는다. 아이에게 늘 따뜻한 격려와 위로의 말을 건네는 부모가 되도록 노력해야 하는 이유이다.

기죽이지 않고 말 잘 듣는 아이로
키우는 게 가능할까요?

기죽이지 않으면서 동시에 부모 말도 잘 듣는 아이로 키우고 싶다는 엄마들이 많다. 그런데 아이는 한 살 한 살 나이를 먹으면서 늘어나는 말이 "싫어!", "안 해!", "내 거야", "엄마, 미워" 같은 말이다. 그런 말을 잘 참고 견디다가도 아이가 계속 고집을 부리면 어느 순간 울컥 할 때가 있다. 그 즈음부터 부모들의 마음속에 고민과 갈등이 싹트기 시작한다.

'과연 이대로 떼쓰고 고집부리는 걸 다 받아주는 게 맞을까? 어느 수준에서 고집을 꺾어놔야 하는 거야?'

'과연 기죽이지 않으면서 부모 말 잘 듣는 아이로 키우는 게 실제로 가능할까?'

그 속에서 점점 더 분명해지는 사실이 하나 있는데, 부모들이 가지고 있는 지식으로 대처할 수 있는 게 거의 없다는 것이다. 어느 순간 그것을 깨달은 엄마들은 내게 묻는다.

"아이가 돌이 되기 전까지는 뜻을 받아주는 게 맞다고 생각하거든요. 그런데 아이 스스로 뭔가를 배워가게 하려면 제가 언제부터 어떤 변화를 주어야 하는지 모르겠어요."

몇 개의 규칙만 지키게 하자

엄마는 생후 1년까지 아이의 기본적인 욕구와 관련된 신호에 민감하게 반응하면서 적절하고 신속하게 충족시켜주면 된다. 이 시기의 아이들은 모든 소통을 울음으로 대신한다. 엄마들은 아이의 울음소리만 듣고도 왜 우는지를 금세 알아차리는데, 울음소리의 강도와 경향성을 보면 알 수 있다고 말한다.

"우리 아기, 배가 고파 우는구나. 얼른 우유 먹자."

"너무 시끄러워서 잠을 잘 수가 없어? 그래, 엄마가 조용한 곳에 가서 업어서 재워줄게."

이와 같이 아이의 욕구를 그때그때 읽어주고 만족시켜주는 엄마는 아이기를 죽이는 일 없이 하루를 조용히 잘 보내게 된다. 그런데 그렇지 못한 상황이라면 문제가 심각해진다. 가령, 아이는 자고 싶어 우는데 뜬금없이 젖병을 물린다든지, 배가 살짝 덜 차서 우유를 더 달라고 우는데 "방금 우유도 먹고 기저귀도 멀쩡한데 왜 우는데?"라고 타박하면 아이의 하루는 욕구불만으로 가득 차게 된다. 이런 상황이 반복되면 아이는 엄마에게서 안정감과 신뢰감을 느낄 수 없다. 결국 이 시기에 욕구불만이 쌓인 아이들은 낮과 밤이 바뀐다든지, 먹고, 자고, 싸고, 노는 데 문제가 생겨 전반적인 발달에 문제가 생긴다. 초기 발달에서 문제가 생기면 다음 단계의 발달이 순조롭게 이루어지기 힘들다. 더 큰 문제가 생길 수 있다는 말이다.

적어도 36개월까지는 주 양육자가 일관성 있는 양육태도를 가지고 좋은 습관을 만들어주어야 한다. 이 시기 아이들의 주요 과제는 대소변 가리기, 식습관 잡기, 취침시간 지키기 등이다. 이때 부모는 아이의 정서가 다치지 않는 선에서 때때로 아이와 협상을 벌여야 한다. 한 살이 지나면서 아이는 한 단어로 세상과 소통하기 시작한다. 예를 들면 '싫어', '미워', '내 거', '맘마', '까까' 같은 말을 하는 것이다. 또한, 엄마의 눈빛을 보고 'Yes'와 'No'를 식별하고 정서의 '쾌, 불쾌 감정'을 구분해낸다.

두 살이 되면 걸음마를 시작하면서 본격적인 탐색이 이루어지기 시작하는데, 아이는 그동안 궁금했던 호기심 천국을 모두 열어보고 올라가보고 잡아보고 깨물어보기를 시도한다. 동시에 엄마들은 위험천만한 아이를 따라다니느라 정신없는 하루를 보내게 된다. 엄마들이 하루 목표를 '오늘도 무사히!'로 잡는 시기가 바로 이 즈음이다. 집 안 구석구석을 돌아다니며 말썽을 피우는 아이를 따라다니다 보면 엄마는 어느 순간 매서운 눈빛과 강압적인 말로 무장을 하게 된다. 아이들은 자연스럽게 엄마의 눈치를 살피면서 말썽을 피운다.

이 시기 엄마들에게는 기본 방침 하나가 필요하다. 그것은 바로 '엄마 입장에서 키우지 않고 아이가 원하는 대로 하게 내버려두기'다. 단, 집 안을 위험하지 않은 환경으로 정리하고 배치해서 아이들이 마음껏 탐색하게 하고, 몇 개의 규칙만 지키게 해야 한다. 규칙이 너무 많으면 아이들이 다 지킬 수가 없을 뿐 아니라 규칙을 지키지 않는 말썽쟁이로 취급할 가능성이 커지기 때문이다.

규칙은 되도록 일상적인 것부터 시작하는 게 좋다. 장난감을 가지고 논 후에는 정리함에 넣는다든가, 다 먹고 난 요구르트 병을 발로 차고 놀 것이 아니라 싱크대까지 갖다 놓기와 같이 몇 가지 규칙만 먼저 실천하게 하자. 그런 다음 관심을 가지고 지켜보면서 그것들이 습관이 되었다 싶으면 다른 규칙을 하나 둘씩 늘려가면 된다.

집 안을 아이의 놀이터로 허용하자

이 시기 아이들의 두 손은 한시도 쉬지 않는다. 두 아들을 키울 때 일이다. 주방에서 저녁 준비를 하고 있는데 너무 조용하다 싶어 아이들 이름을 불러봤다. 몇 번을 불러도 대답이 없어 찾아봤더니 아이들은 화장실 안에 있었다. 아이들은 변기 속에 샴푸를 풀어놓고 거품놀이에 빠져 있었다. 옷은 물론이고 얼굴과 머리까지 거품범벅이 되어서는 바가지로 거품을 떠서 노는데, 둘은 아주 신이 나있었다. 난감하고 기가 막힌 장면이었지만 아이들의 모양이 어찌나 우습고 천진난만하던지 화가 나지는 않았다.

이 시기 아이들은 손끝놀이를 많이 하면서 머리가 좋아진다. 우리나라 사람들이 어려서부터 젓가락을 사용하기 때문에 골프를 잘 친다는 말을 들었다. 맞는 말이라고 생각한다.

아이들이 사고 칠 것을 미연에 방지한다면서 갓 이사 온 집처럼 거실장 위에 TV만 덩그러니 얹어두고 물건들을 모두 치워버리는 엄마들이 있는데, 현명하지 않은 처사다. 이런 방법을 시도해보자. 다 쓴 화장품 통을 버리지 말고 큰 것, 작은 것, 중간 것 여러 개를 준비해서 2단 정도의 낮은 서랍장 위에 올려두자. 그 서랍장의 위 칸은 아빠 양말, 아래 칸은 아빠 속옷을 넣어두자. 그것들은 아이들에게 금세 훌륭한 장난감이 되고, 그 주변은 신나는 놀이터가 될 수 있다. 우리 집 아이들은 조용하다 싶으면 그 서랍장 앞에서 놀고 있을 때가 많았다. 큰아이와 작은아이는 위 칸과 아래 칸의 양말과 속옷들을 모두 꺼내 방바닥에 던져놓고 그 한가운데서 놀았다. 정리정돈에 열심이고 깔끔한 성향의 엄마들은 이런 상황을 허용하는 게 쉽지가 않다. 집 안이 어질러져 있는 걸 참을 수 없는 것이다. 그런데 사랑하는 아이들을 위해 생활습관 하나는 양보할 수 있지 않을까? 앞서도 말했지만, 아이를 키울 때 가장 중요한 것은 엄마 입장에서가 아니라 아이가 원하는 대로 해주는 것임을 명심하도록 하자.

조용하던 아이들이 갑자기 "엄마, 엄마!"를 숨넘어가게 외치는 때가 있었다. 그럴 때마다 나는 하던 일을 멈추고 뛰어갔다. 작은아이는 서랍장 위에 있던 화장품 통을 가지고 놀다가 우연히 엄청난 발견을 해낸 참이었다. 이쪽저쪽으로 힘을 줘서 돌려보다가 뚜껑이 열리는 역사가 벌어진 것이다. 아이들은 이런 대단한 사건이 벌어지면 그 역사적인 현장을 보여주고 칭찬을 받기 위해 엄마를 찾는다. 엄마라면 아이가 들뜬 목소리로 자신을 찾는 저의를 눈치채야 한다. 그런 목소리로 엄마를 찾을 때는 지체없이 현장으로 뛰어가 맞장구를 쳐줘야 한다.

"어머나, 이게 다 뭐야! 뚜껑이 열렸네. 대체 어떻게 뚜껑을 열었니? 정말 대단하구나."

칭찬을 받은 아이는 대단한 발명이라도 한 것처럼 자랑스러운 표정을 짓는다.

엄마는 늘 칭찬할 준비를 하고 있어야 한다

그리고 얼마 지나지 않아 또 한 번 숨넘어가는 목소리로 엄마를 찾았다. 물론 이번에도 뛰어가서 칭찬할 준비를 했다. 가서 보니, 아이들은 화장품 통을 흔들어 보이면서 달가닥달가닥 소리를 들려주었다. 물론 나는 대단한 탐색과 엄청난 발견이라는 듯이 너무 놀랍다는 반응을 보여주었다.

"어머머! 이건 무슨 소리니? 이 안에 뭔가 들어있구나! 뭘까? 어머나, 레고 조각이구나!"

이 정도의 반응이면 아이가 만족감을 느끼기에 충분하다. 즉각적인 반응과 함께 대단한 발견이라는 칭찬을 받은 아이는 자신이 엄마에게 사랑받는 존재임을 깨닫게 된다. 아이들은 같이 놀아주고, 수시로 공감해주고, 아낌없이 칭찬해주면 엄마를 믿고 따른다. 그러면 자동적으로 엄마 말에 순종하게 된다.

아이가 생후 36개월이 넘어서면 어린이집에 보내고 싶어하는 엄마들도 있고, 아직 시설에 보내기는 어리다며 집에 데리고 있는 엄마들도 있다. 이 시기 아이들은 단체생활을 반나절 정도는 할 수 있는데, 아이마다 적응속도가 다르므로 억지로 하는 것보다 점진적으로 하는 것이 바람직하다.

이 시기쯤 되면 아이들은 집에서도 놀지만 동네나 어린이집 또래들과도 곧잘 어울린다. 그래도 가족을 더 좋아하는 시기이므로 어린이집에 종일 맡기는 것보다 가족 간의 상호작용에 치중하는 것이 더 바람직하다.

아이의 첫 번째 협상 대상자가 되어주자

48개월 이후부터 초등 입학 전까지는 가정 내 규칙과 한계를 가르쳐야 한다. 아울러 규칙을 지키지 못할 경우에는 대안을 제시해주고, 죄책감을 갖지 않도록 설득하고 격려하고 타일러야 한다. 물론 규칙을 잘 지킨 경우에는 아낌없는 칭찬을 해야 한다.

이 시기에는 아이와 협상하고 타협할 일이 많이 생긴다. 그 과정이 유쾌할 때도 있지만, 그렇지 못할 때가 더 많다. 그렇다고 '부모가 돼 가지고 아이와 무슨 협상이냐'는 시대에 뒤떨어지는 사고방식으로 강요와 명령으로 아이를 키우게 되면 자율성을 키워주는 일은 어려워진다.

　자율적인 아이로 키우는 엄마들은 작은 성공의 경험이 모이고 쌓여서 큰 성공을 만들어낸다는 것을 잘 알고 있다. 그래서 아이가 한 번에 자신을 만족시킬 것이라고 기대하지 않으며, 오히려 한 번 성공한 자신감을 바탕으로 점진적으로 다른 변화를 만들어나가도록 유도한다. 변화를 서두르지 않기 때문에 아이 역시 스트레스를 받지 않는다. 결과적으로 기죽이지 않는다는 것은 아이 스스로 하게끔 자율적인 환경을 만들어주는 것이다. 그러면 아이의 고집이나 기를 꺾을 일이 그리 많지 않다. 게다가 자기 스스로 알아서 하는 습관과 규칙을 가진 아이라면 자기통제력이 생겼다고 볼 수 있기 때문에 굳이 부모 말에 순종하게 만들 필요도 없다.

아이의 위험한 행동을
어떻게 막을 수 있을까요?

어린아이들은 늘 책장에 올려놓은 뾰족한 트로피를 만지고 싶어한다. 만지지 말라고 해도 막무가내다. 크나 작으나 아이들은 하지 말라는 일이 있으면 더 대단한 열성을 발휘하고 고집을 부리는 경향이 있다. 어른들이 잠깐 한눈파는 틈이 생기면 목표했던 것을 손에 넣기 위해 조용히 한 발 한 발 내딛고 올라선다. 아슬아슬 책장을 올라타서 트로피를 손에 넣기라도 하면 그 성취감에 도취되어 어찌할 줄 모른다. 나중에 그것을 발견한 부모가 아무리 큰소리로 혼을 내고 엉덩이를 때려도 잠시 울음을 터뜨릴 뿐 별 효과가 없다. 얼마 지나지 않아, 아이는 엄마 아빠의 눈길을 피해 또다시 트로피를 손에 넣기 위해 책장을 올라탄다.

위험하다고 혼을 내면 그때는 말귀를 알아듣는 것 같다가도 돌아서서 비슷한 사고를 치는 아이를 보면 어떻게 해야 할지 모르겠다는 부모들이 많다.

엄마 말에 복종시키겠다는 생각을 버리자

결론을 먼저 말한다면, 물리적인 환경을 바꿔주면 된다. 가령, 위험한 곳에 놓여있는 날카로운 트로피를 아이 눈에 띄지 않게 숨겨놓으면 된다.

아이에게 위험한 물건들을 다른 곳으로 옮기면 되는데 대부분의 엄마들은 환경은 그대로 유지하면서 아이의 의지만 꺾어놓으려 든다. 요즘 엄마들이 너무 허용적이어서 걱정하는 사람들도 많은데, 의외로 '어려서부터 버릇을 잘 잡아야 한다'고 생각하는 엄마들도 만만치 않게 많다. 그런 엄마들은 아이를 힘들게 할 뿐만 아니라 부모에 대한 반감까지 키워놓는다.

아이는 반드시 엄마 아빠 말을 잘 따르고 지켜야 한다고 믿는 사람들은 아이에게 끊임없이 뭔가를 요구하고 당부하고 타이르고 혼내기를 반복한다. 그것들이 실패해서 아이의 말썽이 계속되면 버럭버럭 화를 내고, 결국엔 부모 말에 복종시키는 일에 혈안이 되어 매를 들기에 이른다. 정말 옳지 않은 모습이다.

그런 부모들은 아이가 말을 듣지 않고 날카로운 트로피를 꺼내 와서 놀다가 다치면 마치 그것을 예상했다는 듯이 이렇게 소리친다.

"거 봐라, 엄마가 하지 말라고 몇 번을 말했니? 내 그럴 줄 알았다. 잘했어. 네가 한 번 다쳐봐야 다시는 안 만지지."

아이 입장에서 들으면 엄마 말이 맞는 것은 사실이다. 그렇지만 자신을 안전하게 지켜주지 못한 엄마를 존경할 수는 없는 노릇이다.

한 엄마가 집을 잠시 비운 사이에 딸아이가 사고 쳤던 이야기를 들려줬다. 집에 돌아왔더니 아이는 거실에서 물감으로 그림을 그리며 놀고 있었다. 그런데 아끼던 고급 와인잔에 물을 받아와서 빨간색 물감이 잔뜩 묻은 붓을 씻고 있는 모습이 눈에 들어왔다. 엄마는 벼락같이 화를 냈고, 놀란 아이는 울음보를 터뜨렸다. 며칠이 지나서야 아이가 엄마에게 물었다.

"왜 유리잔에는 붓을 씻으면 안 돼?"

아이는 그때 엄마가 왜 그렇게 화를 내는지를 몰랐다는 말이다.

아이들에게는 하나하나의 이유를 들어가면서 이해시켜야 한다. "너, 거기다가 붓을 씻으면 어떡해?"가 아니라 "와인잔을 이렇게 쓰다니 큰일날 뻔했구나. 유리로 만든 것이어서 붓을 씻다가 깨지면 굉장히 위험해. 게다가 와인 마실 때만 쓰려고 산 엄마가 아끼는 잔이야"라고 명확하게 이유를 제시했어야 한다. 그랬다면 엄마가 화가 난 이유를 제대로 이해시킬 수 있고, 다시는 와인잔을 물통으로 사용하지 않겠다고 생각했을 것이다.

8개월 된 아이도 "NO"를 알아듣는다

몇 년 전에 미국에서 본 8개월짜리 아이와 엄마의 상호작용이 생각난다.

아이는 거실 여기저기를 기어 다니며 놀고 있었는데, 베란다 쪽에 있던 큰 화분으로 가서는 위에 얹어놓은 작은 흰 자갈들을 꺼내 거실 바닥에 흩뿌렸다.

그때 주방에 있던 엄마가 아이에게 "No"라고 말했다. 아이는 엄마의 표정과 손가락을 좌우로 흔드는 'No' 사인을 아는지 모르는지 한참을 쳐다보았다. 엄마는 바로 아이 곁으로 가서 자갈을 하나씩 하나씩 주워서 화분 위로 다시 올려놓는 수고를 했다.

그런 뒤 한참을 놀다가 낮잠을 자고 일어난 아이는 다시 베란다 쪽의 큰 나무 화분 밑으로 기어갔다. 부지런히 그 앞에까지 간 아이는 화분 위의 자갈을 쳐다봤다가 주방 쪽에 있는 엄마의 동정을 살폈다. 그때 엄마는 아이를 보면서 손을 좌우로 저으면서 'No' 표시를 확실히 했다. 아이는 한참 동안 엄마를 보다가 또 다시 한 움큼 손에 자갈을 쥐어서는 거실 바닥에 뿌렸다. 황급히 달려온 엄마는 "No"라고 다시 말하고, 아이와 함께 거실 바닥에 뿌려진 자갈을 다시 화분 안에 옮기는 수고를 반복했다.

그리고 나서 한참 만에 다시 그 자리로 기어온 아이는 잠시 그 자리에서 자갈 한 번 보고 엄마의 'No' 사인 한 번 보기를 반복하더니 놀랍게도 나무 위를 쳐다보다가 다른 곳으로 기어갔다. 결국 엄마의 'No' 사인 세 번이 아이에게 학습 효과를 준 셈이다. 이처럼 8개월짜리 아이에게도 큰소리로 야단치지 않고 교육이 가능하다.

"세 살 버릇 여든 간다"는 말이 있다. 이 말을 듣고 내내 아이 뜻을 다 받아주다가 세 살이 되자 이제부터 좋은 버릇을 키워야겠다고 엄하게 가르치는 엄마가 있다면 그 뜻을 잘못 이해한 것이다. 세 살 이전부터도 아이를 교육시키는 것은 가능하다.

또한, 아이에게 일방적으로 명령하고 복종시키는 일에만 매달리게 되면 적당한 시기에 설명하고 이해시켜서 가르칠 수 있는 기회를 놓치게 된다. 복종을 강요하다 보면 부모는 허락만 하면 되기 때문에 편해지는 것은 사실이다. 하지만 그 대신에 아이를 가르칠 수 있는 부모의 권위가 상실되고 만다. 초기에 부모로서의 권위를 상실하게 되면 나중에는 아이를 다스릴 수 없는 상황으로 치닫게 된다.

짜증이 많은 아이,
어떻게 해야 할까요?

　한 엄마가 청개구리 같은 딸아이 문제로 상담을 청해온 일이 있다. 초등학교 4학년인 아이는 규칙으로 정해져 있는 집안일도 하지 않았고, 스스로 알아서 해야 할 일도 하지 않았다. 또 그것을 깜빡했나 싶어 규칙을 말해주면 반항적이고 적대적인 태도를 보여서 당황스러울 때가 한두 번이 아니라고 했다. 아이는 시종일관 '나에게 아무 일도 시키지 말아요' 같은 태도를 취했고, 엄마가 하지 말라는 일은 일부러 더하는 것 같았다. 엄마가 뭔가를 물어도 대답하지 않았고, 어쩌다 말을 한다 싶으면 짜증으로 시작해서 짜증으로 끝을 맺었다. 엄마는 집에 혼자 있는 오전시간에는 마음이 평온하다가도 아이가 학교에서 돌아오면 심란해진다고 말했다. 부모로서 뭔가를 잘못해서 저렇게 된 것은 아닌가 싶은 마음에 딸 앞에 서면 작아지는 느낌도 든다고 했다.

지나치게 엄격한 엄마, 반항을 부른다

부모나 선생님, 어른들의 권위에 불만을 품고 대들거나 거부하는 행동이 6개월 이상 지속되면 반항성 장애라고 한다. 반항성 장애를 겪는 아이들은 짜증을 내는 수준을 넘어 무조건 반항하고 적대적이며 청개구리 같은 행동을 보인다. 전문가들 대부분은 아이의 문제에서보다 부모의 지나친 요구에서 그 원인을 찾는다. 부모가 너무 엄격해서 아이가 숨을 쉴 수가 없을 정도라든지, 아이의 의지와 상관없이 해야 할 학습지나 과외활동이 많은 경우라든지, 가정의 불화로 집에 돌아와도 편안함이 없고 냉랭한 분위기가 계속될 때 짜증이 많아질 수 있다. 부모의 엄격한 태도만큼 모순적인 태도도 짜증을 유발시킬 수 있다. 엄격한 경우라면 부모가 느슨해질 필요가 있고, 모순적인 경우라면 빨리 고치면 된다.

아이가 짜증 내는 원인을 잘 모르겠다면 우선 야단치고 꾸중하는 것을 자제하고, 부모에게 존중받고 있다고 느끼도록 대해보자. 예컨대, 학습지 선생님이 올 시간인데 문제를 다 풀었느냐고 확인하면서 왜 못했는지 따지거나 다그치지 말자. 통제하거나 억압하려 하지 말고 아이의 마음속에 쌓인 두려움을 자연스럽게 발산하도록 도와주어야 한다.

엄마의 모순적인 태도 때문에 짜증이 일어나는 예를 하나 들어보자. 큰 아들이 숙제를 같이할 거라며 친구들을 집에 데리고 왔다. 엄마는 우아한 태도로 맞아줬고 아이 방으로 안내했다. 아이들이 숙제를 하고 있는데 거실에서 큰소리가 들리기 시작했다. 유치원생인 둘째아들이 물컵을 들고 가다가 거실에 엎지르자 엄마가 야단치는 소리였다. 어찌나 큰소리로 혼을 내고 화를 내는지 큰아들의 친구들은 어찌할 바를 몰랐다. 잠시 뒤에 엄마가 아이 방을 노크했다. 문을 열고 들어온 엄마는 상기된 얼굴이었지만 다시 우아한 목소리와 표정을 지으며 말했다.

"얘들아, 간식으로 짜장면 먹을래, 피자 먹을래?"

아이들은 엄마의 태도에 당황스러울 수밖에 없다. 이런 모순적인 태도는 자녀의 짜증을 유발시킨다.

엄격한 규칙은 자칫 가혹해진다

조금 다른 이야긴데, 아이들의 이 닦기 습관을 들일 때에도 엄마들의 융통성이 필요하다. 잠자리에 들기 전에 이 닦기를 싫어하는 아이들이 많다. 매일은 안 되지만, 가끔은 "오늘은 이 닦기가 많이 싫은가 보구나. 그러면 입 안의 벌레가 밤새 커질 수 있으니까, 내일 아침에는 두 배로 열심히 닦자"라고 말하며 잠자리로 보내주자. 간혹 이 닦는 문제로 아이와 기 싸움을 벌이는 엄마들이 있다. 심한 경우 아빠까지 동원해서 아이 얼굴을 잡게 하고 버둥거리며 싫다는 아이에게 양치질을 시키기도 한다. 엄마의 엄격함이 가혹한 경우이다.

흔한 일은 아니지만, 어린이집이나 유치원에서도 가혹하다 싶을 만큼 엄격한 규칙을 강요하는 경우가 있다. 몇 년 전의 일이다. 어느 날 저녁, 어린이집에 실습을 나간 학생의 전화를 받았다. 실습하고 있는 반에서 사건이 있었는데 어떻게 해야 할지 모르겠다는 하소연이었다. 그날은 아침 간식으로 우유가 나왔다. 그런데 평소에 초코우유, 딸기우유, 바나나우유는 먹지만 흰 우유는 못 먹는 아이가 하나 있었다. 우유가 간식으로 나올 때마다 한바탕 소란이 벌어졌는데, 그날은 실습 나온 학생에게 아이 머리를 잡게 하고 선생님이 아이 입에 우유를 붓는 사건이 벌어진 것이었다. 나는 다음 날 오전에 어린이집을 방문해서 원장님에게 시정을 하는 게 좋을 것 같다고 조언했다. 원장님에게서 들은 대답은 황당무계 그 자체였다.

"그것은 우리 어린이집의 방침입니다. 각 반에 20개의 우유가 들어가면 빈 곽 20개가 나오도록 되어 있어요."

원장님의 충격적인 대답에 나는 할 말을 잃었다. 흰 우유를 못 먹는 아이라면 다른 것을 타서 먹여도 될 일이고, 초코우유나 딸기우유를 몇 개 신청해도 될 일이다. 그런데 우유 먹는 시간을 고문시간으로 만들다니 지나치게 엄격한 경우라 할 수 있다.

부모든, 선생님이든, 어린이집이든 융통성 없이 어느 한쪽으로 치우쳐서 강압적인 요구를 하면 아이 입장에서는 숨막힐 수밖에 없다. 특히 엄마의 완벽주의나 지나친 엄격함은 본인의 노력으로 고치기 어려운 점이 많다. 전문가를 찾아 상담을 통해 구체적인 방법을 배우라고 권하고 싶다.

끊임없이 싸우는 두 아들, 어떻게 해야 할까요?

　둘이나 세 아이를 키우는 집은 조용할 날이 없다. 두말할 것도 없이 가장 큰 소란은 형제자매끼리의 크고 작은 싸움이 벌어졌을 때다. 예컨대, 아들이 둘인 집은 잠 잘 때 말고는 투덕투덕 싸우고 엄마에게 달려와 이르느라 늘 소란스럽고 시끄럽다. 하물며 밥 먹을 때조차도 싸움이 멈추지 않는다. 어쩌다 둘이 죽이 맞아 조용히 게임을 하는가 싶으면 10분도 안 돼서 말싸움하는 소리가 나고, 금세 하나가 울음보가 터져 엄마에게 달려온다. 엄마가 야단을 치면 그때 잠시 조용해질 뿐이다. 나름대로 원칙을 가지고 객관적으로 중재한다고 해도 두 아이 중 하나는 "엄마는 왜 나만 혼내요?"라며 서럽게 울어대니 그 짓도 못할 노릇이다. 두 아들을 키운 선배 엄마로서 매일매일 전쟁을 치르는 형제자매를 가진 엄마들에게 몇 가지 조언을 들려줄까 한다.

대체 누구 편을 드는 게 옳을까?

나도 미국 유학시절에 일곱 살, 다섯 살짜리 아들 둘을 키웠다. 그때는 이 전쟁 같은 날들이 언제 끝날까 싶었는데, 지나놓고 보니 순식간에 지나온 느낌이다.

형제간의 싸움은 자연스러운 과정이다. 아이들은 서로 싸우면서 타협하고 양보하며 친사회적인 아이로 성장한다. 세상에 "우리 아이들은 싸우질 않는답니다"라는 엄마가 있다면 십중팔구 거짓말이다.

다들 그렇게 싸우면서 자라지만 엄마가 어떻게 대처하느냐에 따라 결과가 크게 달라진다. 특히 아이들의 성품에 결정적인 영향을 미친다.

한바탕 싸우고 난 아이들이 서로 억울하다고 주장하면 누구 편을 들어야 할지 몰라 부모들은 난감해하면서 진땀을 흘린다. 명쾌한 해결을 기대하는 아이들 입장에서는 이도 저도 아닌 판결을 내리면서 서로 사과하라는 말을 들으면 절대 공정하지 않다고 생각한다. 부모들도 억울하기는 마찬가지다. 씩씩대고 있는 두 아이의 마음을 모두 풀어주고 싶어서 기껏 방법을 찾아 내밀어도 늘 이런 불평불만을 쏟아내기 때문이다.

"내가 왜 사과해야 돼? 난 잘못한 거 없다니까."

따라서 부모들은 아이들의 싸움이 더 악화되지 않는 방법을 택하는 것이 가장 현명하다.

아이들은 싸움에 대한 엄마의 판결을 '누가 더 엄마의 사랑을 받고 있는가'를 해석하는 기준으로 삼는다. 예컨대, 두 아이가 놀다가 싸움이 나면 동생의 울음보가 터질 때가 많다. 형에게 맞은 동생은 울면서 엄마를 찾고, 형은 동생이 먼저 놀렸기 때문에 때린 거라며 당당하게 나온다. 여차하면 동생을 더 때릴 기세다. 어느 집을 가든 볼 수 있는 형제싸움의 한 장면이다.

이럴 때 당신은 어떻게 처리해 왔는가? 아마 십중팔구 형을 야단쳤을 것이다. 실제로 거의 대부분의 부모들이 동생은 아직 어리다는 이유로 제쳐두고 형을 야단친다.

"동생하고 잘 놀아야지. 조금 놀렸다고 동생을 그렇게 때리면 돼?"

엄마가 이렇게 혼내면 큰아이는 서러움에 복받쳐 울음보가 터진다.

"엄마는 왜 나만 혼내? 민욱이가 먼저 날 약올렸다니까."

자신의 마음을 잘 알아주지 못한다고 생각하는 큰아이는 늘 엄마의 사랑이 부족하다고 느끼게 된다. 동생이 엄마의 사랑을 독차지한다거나 엄마의 사랑을 나누어 가져야 한다고 생각하는 순간 큰아이는 외로움을 느끼게 된다.

이와 반대로 동생을 야단치는 경우도 가끔 있다.

"형한테 그렇게 하면 안 되지. 네가 동생이잖아. 형한테 빨리 사과해."

이런 방법은 형제간의 위계는 확실히 세울 수 있다. 하지만 작은아이는 '엄마는 늘 형만 좋아해', '엄마는 언제나 형 편만 들어'라고 생각하게 된다. 결론적으로 보면 큰아이, 작은아이 모두에게 행복한 방법은 없다. 그러나 아이들이 느낄 슬픔과 외로움을 덜어줄 수 있는 방법은 있다. 그 순서는 이렇다.

최종판단은 아이들의 몫으로 남기자

첫 번째, 싸움을 즉시 중단시킨다. 투덕투덕 치고받고 싸우고 있다면 떼어놓고, 그렇지 않더라도 한 아이를 다른 쪽으로 이동시킨다. 그래서 둘 다 조용하고 침착해지도록 잠시 시간을 만들어준다. 이때 엄마의 목소리 톤은 낮으면서 단호해야 한다.

두 번째, 왜 싸우게 되었는지를 두 아이 각자에게 설명할 수 있는 기회를 준다. 이때 아이가 이유를 설명하거나 변명할 때 지레짐작하거나 끼어들어서 확인하거나 야단을 치지 않도록 주의한다. 아이들에게도 각자가 말을 할 때 끼어들지 말라고 주의를 주고 서로의 이야기를 충분히 들으라고 말해준다. 이때 엄마는 오로지 '네 이야기를 잘 듣고 있단다'는 의미의 반응을 가끔씩 적극적으로 보여준다. 말하자면 "그랬구나", "속상하겠네"와 같은 화답으로 '네 고충을 잘 알겠구나' 하는 반응을 보여주면 된다. 그렇게 한 아이의 이야기가 끝나면 다른 아이의 이야기도 같은 방법으로 잘 들어준다. 이 과정이 마무리되면 두 아이는 엄마가 어떤 명쾌한 판단을 내려줄 것이라고 기대하게 된다.

세 번째, 누가 잘못했는지 판단을 내리지 않는다. 그저 아이들의 억울한 심정을 각각 다시 말해주고 "엄마는 누가 잘못했는지 판단하기 힘들구나. 누가 더 잘못했는지는 너희들끼리 다시 이야기해보렴"이라고 숙제를 준다. 그러면 우리가 생각하는 우려스러운 일이 일어나기보다 자기들끼리 쉽게 결론을 내리고 미안하다고 사과하면서 다시 놀이에 빠진다. 이 방법은 싸움을 쉽게 해결할 수 있을 뿐만 아니라 아이들 스스로 부모의 사랑을 골고루 받았다고 느끼게 한다.

아이들은 싸움이 왜 일어나고 어떻게 된 상황인지를 엄마에게 이야기하면서 이미 많은 위로를 받는다. 또한, 서로 상대방의 입장을 들으면서 좀 더 미안한 쪽이 생기게 되어 쉽게 화해가 이루어진다.

그런데 엄마가 내린 "형이 잘못했네", "동생이 잘못했네" 식의 판결이 제아무리 공정하다고 해도 한 아이는 상처를 입게 된다. 청소년기에 들어선 아이가 불만이 가득한 말투로 이렇게 말하는 것을 들어본 적이 있을 것이다.

"엄마는 원래 형만 좋아하잖아요."

"우리 아빠는 원래부터 제 말은 콩으로 메주를 쑨다고 해도 믿지 않았어요."

편애를 받는다고 생각해 어려서부터 마음에 상처가 쌓여온 아이들의 전형적인 반응이다. 이런 아이들은 감정조절이 어려워 감정기복이 심하고, 자신도 모르게 남에게 불편을 끼치는 사람으로 성장할 가능성이 크다.

형제자매 간의 싸움은 안 일어나게 만드는 것보다 이미 벌어진 싸움을 어떻게 해결하느냐가 더 중요하다. 형제가 둘 이상이 되면 갈등과 싸움은 자연스러운 과정이다. 또한, 어릴 적 형제자매 간의 싸움은 사회성과도 깊은 연관이 있어 꼭 필요한 경험이다. 자주 싸우고 부딪친 경험이 있는 아이들이 그렇지 않은 아이들보다 친사회적이라는 보고도 나와 있다. 아이들은 싸우면서 상대방의 힘을 확인하고, 경우에 따라 위협과 협상, 타협을 하면서 이기는 법을 배운다.

형제간 싸움에서 부모가 진정 해야 할 일은 누가 더 잘못했느냐를 가리는 최종판단이 아니라 칭찬이다. 가령, 큰아이가 동생에게 "미안해"라고 사과를 했다고 하자. 그러면 부모는 이 순간을 놓치지 말고 "대단하구나"라며 큰아이를 크게 칭찬해주면서 으시대게 해주어야 한다. 그러면 두 아이는 바로 사이좋게 놀기 시작한다. 이 과정이 처음에는 시간이 걸리고 번거로운 일로 느껴질 것이다. 그런데 이 방식을 어느 정도 유지하다 보면 나중에는 싸우고 달려온 두 아이의 이야기를 들어주기만 해도 아이들의 분노가 누그러진다. 그 속에서 아이들 스스로 분노를 해소시키는 효과도 볼 수 있다. 부모의 역할은 크든 작든 자녀에게 닥친 문제 상황에서 훌륭한 울타리가 되어주는 것이지 직접 그것을 해결해주는 것이 아니다. 문제해결은 부모가 아니라 아이들의 몫임을 기억하자.

아빠에게 버릇없는 아이,
어떻게 해야 할까요?

흔히들 아이에게 아빠는 정의로움을, 엄마는 사랑을 가르쳐야 한다고 말한다. 그것은 아이에게 아빠는 엄격한 존재이고, 엄마는 따뜻하고 자상한 존재여야 한다는 뜻이다. 그런데 요즘 부모들이 대부분 '친구 같은 엄마', '친구 같은 아빠'다 보니 "부모에게 버릇이 없어서 큰일이에요"라는 고민을 털어놓는 사람들이 많다.

"저희 남편은요, 아이들과 아이스크림을 더 먹겠다고 싸우다가 주먹으로 얼굴을 맞기도 해요. 왜 이렇게 됐는지 모르겠어요. 저희는 주말부부여서 아이들을 엄격하게 키우고 싶어하지 않아요. 워낙에 잘 놀아줘서 아이들은 아빠를 정말 좋아해요. 세상에 그런 아빠가 없을 정도예요. 그런데 저는 말수가 적어서 아이들과 대화가 적은 편이에요. 그래서 그런지 아이들이 아빠 말보다 제 말을 더 어려워해요. 엄마보다 아빠를 더 편하게 생각하는 것 같아요. 우리 집은 엄마와 아빠가 바뀐 것 같은데, 이대로도 괜찮을까요?"

'사랑'과 '통제' 모두 필요하다

집집마다 분위기는 천양지차여서 하나의 기준을 정해놓고 그에 맞춰야 한다고는 말할 수 없다. 그런데 둘 다 사랑만 주면 망나니 아이를 만들고, 둘 다 정의로움을 내세워 통제만 하면 아이가 집을 나간다는 말이 있다. 물론 이것은 극단적인 표현이기는 하다.

한 아이를 하나의 온전한 인간으로 키워내기 위해서는 사랑과 통제 모두가 필요하다. 미국의 경험철학자 듀이는 엄마와 아빠가 적절히 그 역할을 분담하면 아이에게 가정에서 '축소된 작은 사회'를 가르칠 수 있다고 말했다. 일반적으로 엄마는 아이가 원하는 것을 해주면서 위안과 편안함을 주고, 아빠는 옳고 그름을 판가름해주는 최종 훈육자의 역할을 한다. 그런 부모의 역할이 조화를 이루어 아이가 목표 없이 표류하거나 방황하지 않도록 만든다.

마더 테레사가 인도에서 빈민을 돌보던 때의 이야기다. 굶주려서 깡마른 소년이 길거리를 배회하는 모습이 너무 불쌍해 보였던 테레사 수녀는 아이를 보육원으로 데려와 손수 씻기고 깨끗한 옷으로 갈아입혔다. 그리고 맛

있는 식사를 먹여 침대에서 잠을 자게 했다. 그런데 다음날 아침에 일어나 보니 빈 침대만 있고 소년이 보이지 않았다. 찾아보니 길거리에 나가 다시 떠돌고 있었다. 테레사 수녀가 다시 보육원으로 데려와 씻기고, 먹이고, 입혀 재웠는데 아이는 다음날에도 도망을 쳤다. 그 후에도 몇 번 더 그런 일이 반복되었다. 소년이 마지막으로 도망가던 날 테레사 수녀가 그 뒤를 밟았는데, 보육원을 나온 아이는 어느 다리 밑의 초라한 움막집으로 들어갔다. 그곳에는 아이의 엄마로 보이는 한 여인이 구걸해온 음식들로 죽을 끓이고 있었다. 소년은 그 모습을 연신 웃는 얼굴로 바라보고 있었다. 테레사 수녀가 소년을 불러내어 물었다.

"너에게 보육원이 불편했니? 이곳으로 돌아온 이유가 뭐니?"

소년은 이렇게 대답했다.

"죄송해요, 수녀님. 보육원의 침대와 옷, 음식은 정말 최고였어요. 하지만 전 그곳에서 행복하지 않았어요. 우리 집은 가난해서 침대도 없고 맛있는 음식도 없지만 엄마의 사랑이 있어서 행복해요. 제가 가장 행복한 곳은 엄마가 있는 바로 이곳이에요."

이 소년은 단순히 죽만 먹은 것이 아니고 엄마의 사랑과 정성을 먹은 것이다. 움막집에서 엄마가 만들어준 죽은 소년의 마음에 사랑을 심어주는 아주 특별한 요리이며, 그 죽을 먹는 시간은 소년에게 치유의 시간이었던 셈이다.

가르칠 때는 '부드럽지만 단호하게'

상담을 청했던 분의 남편이 아이들과 놀면서 얼굴을 맞는 불상사까지 벌어져 안타깝긴 하지만, 개인적으로 나는 이 가정은 아이들에게 이미 좋은 가정이라고 생각한다. 아빠와 신나게 놀 수 있는 이 집은 아이들에게 어느 놀이카페보다 더 즐거운 곳이고, 위로와 사랑을 넘치게 받을 수 있는 곳이다. 친구와 아빠의 합성어인 '프랜디Friend + Daddy = Friendy'는 아이들에게 친구같이 친근하고 다정한 아빠를 가리킨다. 이 집의 아빠는 이미 아이들에게 프랜디인 것 같다.

'엄마는 사랑을, 아빠는 정의로움을'이라고 역할을 고정시킬 필요는 없다. 엄마 아빠가 부모의 역할을 서로 공유하면서 50퍼센트는 사랑을, 나머지 50퍼센트는 통제 속에서 정의로움을 가르치면 된다.

그리고 충고 하나 하자면, 아빠를 함부로 대하고 엄마 말은 무서워하는 아이들에게 확실하게 가르칠 것이 있다.

"아빠는 너희들이 함부로 할 수 있는 사람이 아니란다."

아이에게 무언가를 가르쳐야 할 때는 '부드럽지만 단호하게' 제대로 가르치는 부모가 되어야 한다.

혼낼 때 감정조절이 안 되는데,
어떻게 해야 할까요?

이제껏 살면서 나는 "하지 마"라고 말하면 정말로 하지 않는 아이가 있다는 얘기를 들어보지 못했다. 그런데도 "하지 말라고 몇 번을 말해도 소용없어요. 애 때문에 제가 화병이 생겼어요"라고 말하는 엄마들이 참 많다. 어른들 중에도 그렇게 말 잘 듣는 사람은 거의 없다. 그런데 어린아이에게 한 번 말해서 듣기를 바라는 것은 너무 큰 욕심이 아닐까?

아이의 잘못된 행동을 조용히 잘 타이르다가도 여러 번 반복되면 순간적으로 화를 제어할 수 없는 지경이 된다는 엄마가 상담요청을 해왔다. 화가 머리끝까지 올라간 날은 아이는 물론이고 남편도 무섭다고 말할 정도로 히스테릭해진다고 했다. "너, 왜 또 그러는 거야? 하지 말라고 했지? 또 그럴 거야?"라고 다그치면서 버럭버럭 소리 지를 때는 자신이 봐도 '내가 제정신이 아니구나' 싶단다. 아이가 말썽을 피우는 다섯 살이 되면서 그런 일이 부쩍 늘었는데 얼마 전부터 아이가 목을 잡아 빼서 늘어뜨리는 이상행동을 해서 상담을 왔다고 했다. 아이의 운동 틱은 엄마가 화를 버럭 냈을 때 나타났다. 처음에는 저러다 말겠지 했는데 주기적으로 틱이 나타나서 걱정이 커진 상황이었다.

심한 스트레스는 틱을 만든다

틱은 자신도 모르게 얼굴이나 목, 어깨 등의 신체 일부분을 갑작스럽고 빠르게 반복적으로 움직이거나(운동 틱) 이상한 소리를 내는 것(음성 틱)으로, 증상은 매우 다양하다. 운동 틱은 눈 깜박임, 얼굴 찡그리기, 코 씰룩이기, 경련하듯 목 움직이기, 어깨 들썩이기, 입 삐죽이기 등의 행동을 들 수 있고, 음성 틱은 헛기침하기, 킁킁거리기, 끽끽 소리 내기, 코훌쩍이기 등의 행동을 꼽을 수 있다. 아이에게 틱이 나타났을 때 "너, 왜 자꾸 그러니?"라고 증상을 지적하는 것은 옳지 않다. 아이의 틱 증상이 부정적 강화가 이루어지면 나아지기는커녕 오히려 횟수가 더 늘어나거나 다른 형태로 바뀔 수 있기 때문이다.

아이들은 싫은 자극이 왔을 때 틱을 하면서 스트레스를 푼다. 아이에게서 갑작스럽게 틱 증상이 나타난다면 자신의 양육태도나 방식에 문제가 없는지 점검해보고 하루 빨리 고치는 노력이 필요하다. 틱 장애는 부모의 양육태도나 인성의 영향을 많이 받는다고 한다. 그 가운데서도 과잉보호가 심한 부모, 통제나 간섭이 심한 부모, 너무 엄하고 권위적인 부모는 아이에게 긴장감이나 적대감, 분노, 스트레스를 유발시켜 틱 증상을 표출시킬 가능성이 높다. 따라서 부모는 아이에게 스트레스가 되는 환경을 개선해주고, 심리적 안정감을 주기 위해 노력해야 한다. 아이에게 자기감정을 자유롭게 표현할 수 있는 분위기를 만들어주고, 칭찬과 따뜻한 격려를 통해 긍정적인 양육태도를 취해야 한다.

틱 증상은 일시적으로 나타났다가 자발적으로 사라져 가볍게 해결되는 경우도 있지만 소아정신과에 가서 치료를 받아야 하는 심한 경우도 있다. 치료가 된 후에 다른 틱으로 다시 나타나는 경우도 많다. 가령, 과도한 학습스트레스로 어깨를 들썩이는 운동 틱이 있는 아이가 치료를 받고 두 달 만에 완치가 되었는데, 얼마 후에 코를 킁킁거리는 새로운 틱 증상이 나타나 병원을 다시 찾는 경우를 본 적이 있다.

화를 잘 내고 감정조절이 안 되는 엄마들은 자신이 언제 또 그런 행동을 하게 될지 몰라 두려워한다. 성격이란 것이 하루아침에 변하기 어려운 것이어서 두려울 수밖에 없다. 누군가는 성격을 이야기하면서 유리병 속에 모아놓은 흙탕물로 비유했다. 유리병을 가만히 놔둘 때는 굵은 모래, 잔모래 할 것 없이 유리병 바닥에 가라앉아 있어 맑은 물로 보이지만, 누군가가 와서 유리병을 한 번 흔들면 밑에 깔려 있던 모래와 먼지들이 위쪽으로 올라와 뿌연 물로 변하면서 바로 흙탕물이 되고 만다. 성격도 마찬가지다. 마음이 평화로울 때는 모난 성격이 죄다 묻혀 있어서 잘 알 수 없다. 그러나 화가 난다든지, 참을 수 없는 지경에 이르면 모난 성격들이 순식간에 튀어나온다. 그래서 성격을 잘 다스리는 것은 참으로 힘든 일이다.

틱낫한은 이렇게 말했다.

"혼자일 때, 난 나를 위해 웃는다. 내게 친절하기 위해 그리고 날 돌보기 위해서다. 진정 당신이 투자해야 할 것은 돈이 아니라 당신의 삶이다. 내 성격을 잘 다스리는 시작으로 웃자. 그리고 나를 사랑해보자. 웃음 투자로 내 삶이 달라질 것이다."

'설마' 하는 안일한 생각은 금물

언젠가 평범한 아이들은 3,000번 정도 하지 말라는 말을 들어야 뇌에 각인된다는 말을 들은 적이 있다. 우리의 실상은 어떤가?

"엄마가 하지 말라고 몇 번 말했어? 대체 몇 번을 말해야 안 할 거야?"

엄마들이 하루에도 수십 번씩 하는 타박이다. 심각한 경우는 큰소리로 화를 내고 버럭버럭 소리를 질러 결국 아이에게 운동 틱까지 오게 만든다. 특히 성격이 급하거나 화가 나면 감정조절이 안 되는 엄마들은 조심할 필요가 있다.

자신의 욱하는 성격 때문에 아이들과 상호작용이 어렵다는 엄마들을 만나면 나는 종교생활을 추천한다. 혼자 힘으로 처음부터 끝까지 다하려고 들면 한계에 부딪치기 마련이고, 그것이 과격한 행동으로 나타나면 아이의 증상은 점점 심해진다.

언젠가 책에서 본 성질 급한 엄마에 대한 이야기를 소개할까 한다. 다섯 살이 된 아들이 자다가 아주 가끔이지만 이불에 오줌을 싸는 일이 있었다. 이불 빨래 때문에 화가 난 엄마는 아이에게 창피를 줘서 오줌 싸는 버릇을 고쳐줘야겠다고 생각했다. 아들이 이불에 지도를 그린 날 아침, 내내 별러 왔던 엄마는 아이의 옷을 홀딱 벗겨서 엘리베이터 앞에 1시간 동안 서 있게 하는 벌을 세웠다. 엄마는 '크게 한 번 창피를 당하면 앞으로 조심하겠지' 하는 단순한 생각이었다. 그런데 아이는 그 벌서는 1시간을 10시간처럼 느꼈다. 옆집 아줌마, 아저씨들이 지나가면서 "이놈, 오줌 싸서 벌서고 있구나"라고 놀리고, 알몸을 쳐다볼 때마다 아이는 부끄러움을 넘어 치욕감을 느꼈다. 그 아이는 벌을 서면서 결심을 하나 하게 된다. '내가 어른이 되면 오늘 내 몸을 쳐다보고 손가락질하고 놀렸던 사람들에게 꼭 복수하고 말겠다'라고. 실제로 아이는 자라서 조직폭력배가 되었다는 내용이었다. 영화에서나 나올 법한 이야기라고 생각하겠지만, 이것은 실제로 있었던 일이다. 부모의 '설마' 하는 안일한 생각이 아이의 인생을 송두리째 바꿔놓을 수 있다는 점에서 경각심을 일으키는 이야기다.

아이는 보는 대로 따라 하는 '스펀지'

같은 어린이집에 다니는 여섯 살, 네 살의 형제가 있었다. 오후시간에 두 형제와 다른 아이들이 소꿉놀이를 하며 노는데, 갑자기 큰아이가 밥상을 발로 차면서 말했다.

"이혼이야! 더 이상은 이렇게 살 수 없어!"

그러고서 킬킬대고 웃는데 전체적으로 우울한 분위기는 아니었다. 그런 모습을 몇 번 목격한 선생님이 아이들에게 물었더니, 함께 살고 있는 할아버지 흉내를 낸 거라고 대답했다. 선생님이 상담을 하면서 소꿉놀이 사건을 이야기하자, 엄마는 다음과 같은 이야기를 들려주었다. 할아버지와 할머니는 별거 상태인데 매번 만날 때마다 말싸움이 벌어졌다. 할머니는 이혼을 요구하고 있고 할아버지는 거부하는 상태가 계속 이어지고 있는데, 할머니는 아주 가끔 아들집에 와서 소동을 피웠다. 그때마다 할아버지가 크게 화를 내면서 밥상을 엎었는데, 소동은 매번 그렇게 끝이 났다.

아이들은 스펀지와 같아서 보는 그대로 따라 하면서 배운다. 그럴 수도 있는 일이라고 가볍게 생각하고 넘어가는 엄마들도 간혹 있는데, 옳지 않은 생각이다. 이런 문제가 생기면 집에서도 지도하고 유치원에서도 함께 지도할 수 있도록 선생님과 문제를 공유하는 것이 옳다. 그래야만 잘못 배운 행동을 바로잡을 수 있다. 흔히 아이를 부모의 거울이라고 말한다. 이런 얘기를 들을 때마다 '나는 과연 모범적인 부모인가?'라고 반문하게 된다. 그런데 따지고 보면 세상에 완벽한 부모는 없다. 완벽한 부모가 되기 위해 최선을 다할 뿐이다.

잘 들어주는 것이 백 마디 훈계보다 낫다

아이가 초등생인 경우는 전체 대화의 30퍼센트는 지시나 훈계를 하고, 나머지 70퍼센트는 아이의 감정을 읽어주고 고충을 들어주면서 부모의 생각과 의견을 나누고 감정을 공유하는 정서적인 대화를 나누는 게 바람직하다.

아이에게 자꾸 잔소리하게 되는데, 어떻게 해야 할까요?

"아이가 또래보다 말이 많이 늦는 것 같아요."

"우리 아이는 발음이 정확하지 않아요."

"또래들보다 사용하는 단어 수가 훨씬 적어요."

걱정이 가득한 눈빛으로 이런 고민을 상담해오는 엄마들이 많다.

아이들은 만 3세를 전후해서 부쩍 말이 늘고 잘한다는 느낌을 받게 된다. 그런데 말이 다소 늦고 서툴더라도 아이가 엄마의 말귀를 잘 알아듣고 적절한 반응을 보인다면 걱정하지 않아도 된다. 그런데 말귀를 잘 알아듣지 못하거나 또래와의 소통에서도 어려움이 있다면 조금 걱정스럽다. 그러나 발음 'ㅅ'은 초등학교 1학년까지도 안 되는 아이가 있으니 기다릴 필요가 있다. 언어발달검사를 해볼 수도 있는데, 만 3세가 지나야 검사가 가능하다. 보통 아이들은 두 돌에 300개 단어를, 세 돌에 그 3배인 1,000개 정도의 어휘를 사용한다.

듣기 능력은 세 살 전부터 키워주자

어려서부터 아이들에게 꼭 키워줘야 할 능력이 바로 이 듣기 능력이다. 부모는 되도록 아이에게 많은 이야기를 들려주고 아이가 그 내용에 적합한 반응을 보이는지를 점검할 필요가 있다. 많이 들려주기 위해서는 일정한 시간을 정해서 날마다 습관적으로 책을 읽어주는 것이 좋다. 듣기 능력을 키워주는 데는 책 읽어주기가 가장 좋다. 책을 읽고 나면 아이와 대화를 이어갈 수 있다는 큰 강점도 있다.

엄마가 아이와 대화하는 내용을 듣고 있자면, 참으로 희한한 대화법도 있다 싶을 때가 많다. 얼마 전 일이다. 우연히 나는 한 엄마와 아들이 주고받는 대화를 엿듣게 되었다. 엄마와 지하도 계단을 내려가던 아이가 이렇게 물었다.

"엄마! 저 사람 거지야?"

그러자 엄마는 아이에게 전혀 엉뚱한 대답을 했다.

"저 봐라. 매일 엄마 말 안 듣고 TV나 보고 게임만 하면 저렇게 거지가 되는 거야."

아이는 단순히 거지인지 아닌지를 물었을 뿐인데, 엄마는 어떻게 하면 거지가 되는가를 설명했다. 아들이 또 이렇게 물었다.

"거지는 남이 먹다 버린 것도 먹어?"

이번에도 엄마는 "잠도 길거리에서 자"라고 대답했다. 참으로 답답한 노릇이었다. 그 아들은 궁금한 것에 대한 대답을 전혀 듣지 못했다. 대신에 잔소리처럼 들리는 엉뚱한 말만 들었다. 나는 동문서답만 하는 엄마와의 대화를 그 아들이 어떻게 생각했을지 속마음이 궁금했다.

아이 말에 귀 기울이고 믿어주자

현대인들이 과거보다 더 외롭고 고독해지는 이유는 남의 말을 듣기보다 자기 말 하는 데 바빠서 그렇다는 얘기를 들은 적이 있다. 그래서 그럴까? 초등학교 동창모임에 나가 보면 코미디가 따로 없을 정도로 우스운 상황이 연출될 때가 많다. 각자의 얘기를 어찌나 탈맥락적으로 이어가는지 유치원 교실이 따로 없다. 예컨대, 한 동창이 퇴직한 남편이 집에 있어서 이런 저런 일로 힘들고 괴롭다고 말하면 그에 맞장구를 치거나 그와 관련한 이야기나 제안이 나와야 하는데, 실제 대화는 전혀 그렇게 이어지지 않는다. 옆에 앉은 동창은 동네의 친한 아줌마와 지난여름에 배를 타고 일본여행을 갔다왔다고 하는 것이다. 그런데 더 황당한 것은 그대로 대화가 이어진다는 것이다. 일본여행 이야기가 끝나면, 다시 집에만 있는 남편 이야기가 자연스럽게 이어진다. 그 다음 차례는 당연히 일본여행 이야기다.

아이든 어른이든 할 것 없이 자기 말을 귀담아들어주지 않으면 답답해지기는 매한가지다. 부모와 이런 대화를 하고 싶어할 아이도 없을뿐더러, 설령 부모가 말을 해도 아이는 귀담아듣지 않는다. 결과적으로 부모 자식 간의 대화는 겉돌 수밖에 없다. 부모가 먼저 아이 말에 귀 기울이고 열심히 들어줘야 아이도 부모 말에 귀를 기울인다. 앞서의 엄마처럼 자기가 하고 싶은 말만 내리하면서 잘 듣고 따르라고 한다면 아이가 그 말을 들을까? 엄마 말을 잘 따를지 말지는 알 수 없지만, 그 아이가 엄마 말에 귀를 기울이지 않을 거라는 건 확신할 수 있다.

귀 기울여 말을 잘 들어주면 사실상 많은 문제가 해결된다. 《자신감 있는 아이는 엄마의 대화습관이 만든다》를 쓴 엘리사 메더스는 이렇게 말했다.

"부모가 아이 말에 귀 기울이고, 그 말을 믿어주는 것은 부모 자녀관계의 출발점이며 동시에 궁극적으로 도달해야 할 도착점이다."

이 책에 소개된 하나의 일화가 참으로 감동적이었는데, 잠깐 그 내용을 소개하면 다음과 같다. 외과의사인 저자의 아들은 오래전부터 오토바이를 사고 싶어했다. 그는 아들에게 오토바이를 타다가 다친 사람들을 치료하면서 겪었던 많은 일들을 말해주었다. 아들과 아버지는 아주 심도 있는 이야기를 나누었고, 아버지는 우려하는 마음을 전했다.

"만약 네가 오토바이를 몰게 된다면 전화벨이 울릴 때마다 혹시 너의 사고 소식을 전하는 전화가 아닐까 하는 걱정을 하며 살게 될 것 같구나."

아버지를 설득하고 조르던 아들은 결국 친구들에게 가서 아버지가 했던 말을 그대로 전했고, 오토바이를 사지 않겠다고 결정했다.

대화나 토론 습관은 집 안에서 만들어라

물론 아이 말에 귀 기울이고 믿어주는 것으로 모든 일이 해결되지는 않는다. 가장 중요한 것은 아이 말에 귀 기울이는 부모의 태도이다. 요즘은 말로 남을 설득하는 능력보다 남의 말에 귀 기울이며 공감하는 능력을 더 우위에 놓는다. 남의 말에 공감해주고 지지해주면 어느 순간 둘의 관계는 아주 가까워진다. 상대방의 의견이 내 생각과 다르다면 인내심을 가지고 끝까지 경청하고 난 후에 반론하는 게 좋다. 그러면 관계가 크게 나빠지지는 않는다. 대화나 토론은 잘 듣는 것에서부터 시작해야 결과도 좋다. 우리는 토론의 장이 싸움의 장으로 돌변하는 모습을 자주 본다. 상대의 말은 귀담아듣지 않고 자신의 말만 옳다고 우기기 때문이다. 하버드 대학에 재학 중인 한국 유학생들 중에는 미국의 토론문화에 익숙지 않아서 졸업 전에 휴학을 하는 일도 있다. 참으로 안타까운 일이다.

유대인들은 세 살 때부터 집 안에서 토론을 시작한다. 부모는 《탈무드》에서 아이들의 눈높이에 맞는 토론 주제를 매일매일 찾는다. 아이들은 그 과제에 대한 자신의 생각을 이야기하고, 다른 사람의 생각을 듣는다. 그 과정을 통해 아이들은 옳고 그름을 떠나 상대방에게 불쾌감을 주지 않으면서 편안하게 토론하는 습관이 만들어진다. 그 모두가 유대인들의 지능지수가 높아서 가능한 것이라고 말하는 사람이 있다. 그런데 언젠가 전 세계의 평균지능지수 순위가 발표되었는데, 1위가 홍콩, 2위가 우리나라, 3위가 북한이었다. 토론능력은 지능지수보다 어려서부터 이루어진 토론문화의 영향이 절대적이라는 것을 확인할 수 있다.

엄마가 끔찍하게 싫다는 아이, 어떻게 해야 할까요?

스물네 살이라는 아들의 문제를 가지고 상담 온 엄마가 있었다. 아이가 다섯 살쯤에 하도 고집을 부리고 떼를 써서 어느 날 아이를 안아다가 아파트 복도 끝에다 세워두고 집에 들어온 적이 있었단다. 그 일이 있은 뒤로 아이는 엄마를 무척 좋아하는 것처럼 행동하다가도 엄마 같은 사람하고는 절대 결혼하지 않겠다면서 정말로 끔찍하게 싫은 눈빛으로 자신을 바라본다고 했다. 자신의 행동이 너무 심했던 것 같다는 생각이 들어 더 살뜰하게 챙겨주고 잘해주었는데도 아이는 좀처럼 달라지지 않았다. 그때 받은 충격으로 몸만 훌쩍 자란 아이 같아서 그런 모습을 볼 때마다 마음이 아프다고 울먹였다.

사실 이쯤 되면 그 아들의 마음에는 단순히 상처만 남은 게 아니라 일종의 트라우마로 남아 성격에까지 영향을 미쳤다고 볼 수 있다. 고집 꺾어놓자고 시도했던 방법이 엄마에 대한 신뢰를 무참히 무너뜨린 경우이다. 그날 아들이 받은 상처와 분노, 두려움은 겉으로 노골적으로 드러나지 않았다 하더라도 마음속에 쌓이면서 성격화되었다고 본다.

부모의 잔소리가 싫어서 집을 나온 아이들

부모들 대부분이 아이에게 없어서는 안 될 존재인 동시에 아이를 숨 막히게 하는 억압적인 존재이다. 하루 종일 엄마들이 아이들에게 하는 말 몇 가지만 꼽아보자.

"똑바로 앉아서 봐라."

"숙제는 했니?"

"많이 좀 먹어라."

"씻었니?"

"책 좀 읽어라."

아이와 나누는 말이라는 게 대체로 지시하거나 확인하거나 훈계하는 말이다. 조금만 신경 써서 고쳐보자. 만약 하루에 열 번 정도 공부하라는 말을 하는데 아이가 두 번만 듣고 여덟 번은 듣지 않는다면 앞으로 두 번만 하도록 하자. 여덟 번은 말해봤자 아무 의미도 없는 잔소리일 뿐 훈계로 받아들이지 않기 때문이다.

아이가 초등생인 경우는 전체 대화의 30퍼센트는 지시나 훈계를 하고, 나머지 70퍼센트는 아이의 감정을 읽어주고 고충을 들어주면서 그에 대한 부모의 생각과 의견을 나누고 감정을 공유하는 정서적인 대화를 나누는 게 바람직하다. 대화의 100퍼센트를 훈계로 채우더라도 초등 아이들은 30퍼센트 정도만 귀담아듣고 나머지는 엄마의 잔소리로 듣는다.

아이는 하루가 다르게 자라고 변하는데, 부모만 제자리걸음을 하고 있으면 안 된다. 아이들이 자랄 때 부모도 지혜로워져야 한다. 그렇지 않으면 아이를 숨 막히게 하는 억압적인 존재가 되고 만다.

예전에 집을 나간 아이들을 인터뷰한 기사를 본 적이 있다. 집을 나가게 된 이유를 묻자, 이렇게 대답했다.

"집이라는 공간이 싫었던 건 아니에요. 쉴 새 없이 이어지는 부모님의 잔소리가 너무 싫었어요. 그게 싫어서 집을 나왔어요."

"엄마 아빠는 저를 이해하지 못했어요. 취향도 다르고 사고방식도 다르고……. 숨이 막혀서 살 수가 없었죠."

사람의 마음을 읽는다는 것은 말처럼 쉬운 일이 아니다. 아이를 위한다고 하는 일들이 오히려 아이를 억압하고 스트레스를 준다면 부모의 궤도 수정이 필요하다. 공부하라고 이런 저런 학원을 순례시키고 있는데, 그것 때문에 아이가 숨 막혀 한다면 다른 방법을 찾는 게 맞다. 그것이 진정 부모가 해야 할 역할이다. 하나의 잣대에 맞춰 모든 아이들을 키울 수는 없는 노릇이다. 잣대에 맞춘다고 억지로 들이밀고 끼워 넣으면 부모 자식 모두가 힘들어지고, 둘의 관계는 돌이킬 수 없게 망가지고 만다.

부모가 공들인 만큼 성숙해진다

대학에 들어온 아이들 중에도 자신의 적성과 전공이 맞지 않아 고민하는 학생들이 적지 않다. 부모는 아이들 스스로 삶을 개척하고 길을 찾아갈 수 있도록 울타리 역할을 해야 한다. 그런데 오히려 아이들의 장래에 걸림돌로 작용하는 경우가 많다.

"엄마 말 들어. 네가 아직 세상 물정을 몰라서 그렇게 생각하는 거야. 엄마 말 들어서 손해 날 일 없으니까 하라는 대로 해."

부모의 이런 말을 듣고 대학과 전공을 정해서 입학원서를 쓰는 아이들이 많다. 그런데 대학생활을 하던 아이가 '이건 내가 원하는 길이 아닌데' 하는 생각으로 방황을 시작한다면 어떻게 해야 할까? 어떤 부모도 아이의 미래를 대신 살아줄 수 없다. 따라서 중고등학교 때부터 진지하게 아이에게 무엇을 하고 싶은지를 물어야 한다.

나는 큰아이가 초등학교에 들어가서 학년이 올라갈 때마다 "넌 이 다음에 크면 뭘 하고 싶니?"라고 물었다. 아이는 물어볼 때마다 하고 싶은 일이 달라졌다. 처음에는 소방관, 경찰관, 의사, 수사반장이라고 대답하던 아이가 중학교 2학년이 되었을 때 내게 물었다.

"엄마, 내가 이과 과목도 좋아하고 문과 과목도 좋아하는데 뭘 전공하는 게 좋을까요?"

진정한 대화의 장이 열리는 데 8년 정도를 공들인 셈이다. 아들의 성숙한 변화가 너무 반가웠고 대견했다. 그 뒤로 크게 흔들림 없이 자기 길을 잘 개척해 나가고 있는 모습을 보면 참으로 든든하다.

진심 어린 용서를 받는 게 먼저다

보통의 부모 자식 사이에는 듣기 싫은 잔소리지만 '엄마니까', '아빠니까'라며 싫지만 받아들이는 게 일반적이다. 다 애정과 사랑이 있어서다. 그런 잔소리와 훈계를 들으면서 아이들은 서서히 사회화되어간다.

상담을 왔던 엄마와 아들은 보통의 부모 자식 간에 보이는 애정과 사랑이 쌓인 것 같지 않았다. 피상적인 관계로 쭉 유지되어 온 것이 아닐까 싶다. 아들에게 엄마를 이해하고 사랑해달라고 요구하기 전에 먼저 할 일이 있다. 그것은 아들에게 진심 어린 용서를 구하는 일이다. 이런 상황에서는 아들에게 엄마가 잘못했다고 사과한다고 문제가 해결되지 않는다. 정신과 전문의를 찾아가 상담을 통해 아들의 마음속에 있는 엄마에 대한 양가감정을 끌어내야 한다. 지속적인 상담과 대화, 역할극을 통해 밖으로 양가감정을 표현하면서 엄마를 미워도 해보고 학대도 하면서 엄마에 대한 미움과 섭섭함, 두려움을 다 쏟아내는 과정이 필요하다. 그러면 서서히 엄마에게 미안해지면서 진정 용서하는 마음이 생길 것이다.

그리고 마지막 단계가 사랑이다. 누군가를 사랑해야 하는데 잘 안 되는 것은 그 사람에 대해 용서할 것이 아직 남아있어서다. 물론 말로는 다 용서한다고 했지만, 진심으로 용서를 못한 것이다. 그런 상태에서는 상대를 사랑하기가 힘들다. 이런 과정은 쉬운 일이 아니어서 전문가의 도움으로 해결해야 한다. 이 경우, 아들의 감정이 아주 오랫동안 묵은 것이어서 쉽게 풀어내기 힘들 것이다. 그러나 부모로서 아들을 위해 피할 수 없는 숙제다. 엄마는 자신과 아들의 관계 회복을 위해 최선을 다해야 한다. 그래야 아들이 양가감정에서 벗어나 마음이 편안해지고 자기 삶을 제대로 살아갈 수 있다. 이대로 치료하지 않고 방치한다면 여자 친구를 사귀거나 결혼을 해서도 문제가 생길 수 있다. 원인을 알고 있는 문제니까 그래도 얼마나 다행인가. 이제 그 병을 적극적으로 치료하면 된다.

아이와의 스킨십이 어려운데, 어떻게 해야 할까요?

언젠가 어린이집 선생님에게 들은 이야기다. 네 살짜리 아이의 한 엄마가 찾아와 학기 초에 부탁을 하나 하더란다.

"선생님, 우리 준현이를 하루에 세 번만 안아주면서 사랑한다고 말해주세요. 꼭 부탁드려요."

너무 진지한 표정이어서 선생님도 웃음기 없이 그러겠다고 대답했다. 그래도 너무 궁금해서 이유를 묻지 않을 수 없었다.

"그런데 어머님, 준현이한테 무슨 일 있어요?"

"아니에요. 아이한테는 아무 문제 없어요. 제가 성격상 누구에게든 속마음을 잘 표현하지 못해요. 아이한테도 살갑게 사랑한다면서 안아주질 못하겠어요. 그래서 아이한테 늘 빚을 지고 있는 느낌이에요. 그래서 선생님한테 부탁드리는 거예요."

그 선생님은 준현이 엄마의 심리를 궁금해했다.

"엄마의 고유한 역할이라 할 수 있는 일이 그렇게 힘들까요? 저에게 그런 부탁을 하는 일이 더 어려울 것 같은데……."

스킨십은 아이의 '자극 허기'를 채워준다

스킨십이 매우 중요하다고 생각하는 부모가 있고, 크게 중요하지 않다고 생각하는 부모가 있다. 스킨십을 매우 적극적으로 하는 부모가 있고, 마음이 있어도 스킨십을 어려워하는 부모도 있다. 그런데 이유를 불문하고 스킨십은 적극적으로 자주 하는 것이 아이의 성격 발달에 좋다. 특히 스킨십을 더 많이 해줘야 하는 두 번의 시기가 있는데, 이때 스킨십을 많이 받은 아이가 정서적으로 안정감을 갖는다.

첫 번째 시기는 아이가 세 살 때다. 특히 만 2세가 지나면서 아이들은 '나'를 주장하는 고집이 생기기 시작하고 엄마와 신경전이 시작된다. 초보 엄마들이 아이를 어떻게 다뤄야 할지 몰라 혼란스러워하는 시기가 바로 이때다. 이 시기에는 안 된다고 야단을 치기보다 안아주고 토닥여주어야 정서가 안정된다. 안아주고 쓰다듬으면서 스킨십을 하게 되면 아이의 뇌에서 세로토닌, 즉 엔도르핀 같은 것이 분비되면서 기분이 좋아지고 마음이 안정된다. 그때 분비된 세로토닌을 어디엔가 비축하고 있다가 멀지 않은 날에 위기상황이 닥치게 되면 아이는 위기를 대처할 수 있는 힘으로 전환시킨다. 그러니 이 시기에는 꾸짖고 야단을 치는 대신에 칭찬해주고 자주 안아주자. 그것은 아이의 밝고 명랑한 성격을 만들어주고, 강한 위기대처능력을 길러줄 것이다.

어떤 어린이집의 일곱 살 반에서 있었던 일이다. 어느 날, 밖에서 쿵하는 소리와 함께 뭔가 깨지는 소리가 났다. 깜짝 놀란 선생님과 아이들이 우르르 창문 쪽으로 달려갔다. 그때 아이 하나가 얼른 창문으로 바깥을 살피더니, 이렇게 말했다.

"얘들아, 괜찮아! 사다리가 쓰러지면서 바닥에 있던 화분들이 깨져서 난 소리야. 걱정 마."

이 아이는 어려서부터 자극을 배고파할 때마다 부모의 스킨십이나 미소 등으로 자극 허기Stimulus Hunger를 채워왔을 가능성이 높다. 자극 허기란 부모나 선생님으로부터 자극을 받고 싶어하는 욕구를 가리킨다. 그것을 채워주는 것은 대단하고 큰일이 아니다. 그저 아이에게 관심과 사랑을 쏟아주고, 스킨십을 자주 해주면 되는 것이다. 그것들이 쌓이고 모이게 되면 큰 힘을 발휘하게 되는데, 특히 위기대처능력을 높여준다.

스킨십은 학교생활의 긴장감을 덜어준다

두 번째 시기는 아이가 초등학교에 들어가는 여덟 살 때다. 유치원과 다르게 학교는 지켜야 할 규칙이 많고, 생활이 교과중심으로 바뀌기 때문에 혼란이 빚어질 수 있는 시기다. 그래서 학교생활이 맘에 안 드는 아이는 "엄마! 학교 바꿔줘"라고 말하기도 한다. 유치원 시절에 동네 미술학원에 갔다가 선생님이 마음에 안 든다고 하면 엄마가 학원을 바꿔줬던 것처럼 학교도 바꿀 수 있다고 생각하는 것이다. 따라서 이 시기의 아이들에게는 엄마의 따뜻한 스킨십과 위로가 절실히 필요하다. 그래야만 아이가 편안하고 안정된 마음으로 학교에 다닐 수 있다.

아이가 초등학교에 들어가면 엄마들도 덩달아 긴장한다. 아이의 혼란감과 긴장감이 엄마에게 그대로 전이되기 때문이다. 그러므로 적극적인 스킨십을 통해서 아이가 느끼는 불안감을 엄마 품에서 같이 나눠야 한다. 그래야 아이가 새로운 학교생활을 안정적으로 적응할 수 있다.

우리 집 큰아들이 초등학교 1학년 때의 일이다. 아이의 학교는 오전반, 오후반으로 나뉘어 있었다. 그날은 오후반이라 학교에 늦게 가는 날이었다. 아이를 학교에 보내고 나도 막 집을 나서려는데 담임선생님으로부터 전화가 왔다. 아이가 아직 학교에 오지 않았는데 무슨 일이 있느냐는 것이다. 시계를 보니 아이가 학교에 도착하고도 남았을 시간이었다. 학교로 가기 위해 집을 나서는데 어찌나 심장이 쿵쾅거리는지 정신이 아득해졌다. 머릿속에 수많은 생각들이 스쳐지나갔다.

'아이한테 대체 무슨 일이 생긴 걸까?'

학교 쪽으로 가려면 집을 나와서 오른쪽으로 가야 하는데 왼쪽 길 저편에 아이들 몇 명이 모여 있는 게 보였다. 혹시나 하는 마음에 그쪽으로 가보니 큰아이가 눈에 들어왔다. 오전반을 마치고 집으로 돌아가는 친구들과 어울려 공놀이를 하던 중이었는지 굴러간 공을 줍겠다고 따라가던 참이었다. 나는 놀란 가슴을 쓸어내리면서 아이를 불렀다. 그리고 야단치는 대신 아이를 품에 꼭 안고 조용히 물었다.

"그런데 너 학교 가는 길 아니었어?"

그제야 정신이 든 아이는 겁먹은 표정으로 "엄마, 나 어떡해요?"라고 말했다. 이미 옷과 바지에 모두 흙탕물이 튀어서 그대로 학교에 갈 수는 없었다. 집으로 돌아가 옷을 갈아입히고 그날은 내가 아이를 학교까지 데리고 갔다.

앞서의 준현이 엄마는 이런 자극 허기를 잘 알고 있는데 성격상 아이에게 자신이 직접 행동으로 채워주지 못하기 때문에 선생님에게 부탁을 한 것 같다. 물론 여러 아이들과 상호작용을 해야 하는 선생님 입장에서는 부담이 되는 부탁이다. 나는 그때 선생님에게 이렇게 조언해줬다.

"어쩌겠어요. 아이 인생에서 결정적인 시기인 만큼 선생님이 힘드시더라도 적극적으로 안아주고 사랑한다고 말해주세요. 엄마가 아니라 아이의 인생을 위해서요."

아이를 학대하고 있는 것도 모르는 아빠, 어떻게 해야 할까요?

9개월 된 젖먹이 엄마의 전화 상담을 받은 적이 있다. 그 엄마는 아이를 키우면서 공무원시험을 준비하고 있었다. 어느 일요일에 모처럼 남편에게 아이를 맡기고 도서관에 가서 공부를 하고 오후 늦게 집에 돌아왔다. 엘리베이터를 내려 아파트 복도를 걸어 집으로 향하는데 아기 우는 소리가 안 들려서 '착하게 자나 보네'라고 생각했다. 그러나 현관문을 열고 들어서는 순간, 엄마는 너무 놀라서 입이 떡 벌어지고 말았다. 아이의 허리에 끈을 묶어 식탁 다리에 매어 놓은 채 남편은 TV를 틀어놓고 소파에 누워 자고 있었다. 아이는 얼마나 울다가 잠이 들었는지 얼굴이 눈물, 콧물 범벅이었다. 그 모습을 보고 얼마나 가슴이 찢어지는지 엄마는 한참을 통곡했다고 했다.

"남편이 생부인가 싶더라고요. 새 아빠도 그러지 않을 거라고 생각했어요. 얼마나 밉고 한심하던지 한동안 말도 섞지 않았어요."

'무지하면 용감하다'는 말이 있다. 자신의 그런 행동이 학대라는 사실을 안다면 그 아빠는 그렇게 행동하지 않았을 것이다. 그래서 엄마도 엄마지만 아빠들도 부모교육이 필요하다.

아빠가 되기 전에 부모교육이 필요하다

대학에서 나는 교양수업으로 '현대사회와 가족', '부모 연습'을 가르치고 있다. 내 자랑 같아서 조금 뭣하지만, 늘 강의평이 좋아서 나 역시 강의시간이 즐겁다. 매 학기말에는 수강생들에게 익명으로 강의평을 쓰게 하는데, 틈틈이 그것을 읽는 재미가 쏠쏠하다.

4학년인 한 공대생의 강의평이다.

"공대에서 실험만 하다가 이 교양수업을 안 듣고 졸업했다면 큰일 날 뻔했네요. 어쩌면 전공수업보다 더 중요한 수업이 아닐까 싶습니다. 부모가 되기 전에 꼭 받아야 할 교육이라고 생각해요. 만약 제가 이 수업을 듣지 않고 졸업해서 아이를 낳게 되었다면 저로 인해 아들딸이 얼마나 고생했을까 하는 생각이 들었어요."

외국의 경우는 이런 교육을 고등학교 때부터 좀 더 진지하게 실시한다.

프랑스에서는 10대 미혼모 수가 많아지니까 예방책으로 보육실습 과목을 개설했다. 고등학생들은 졸업 전에 의무적으로 2박 3일 동안 컴퓨터 프로그램이 내장된 모조 인형아기를 돌봐야 한다. 인형아기는 수시로 우는데, 그럴 때마다 예비 아빠가 아기를 돌보지 않고 방치하거나 때리면 프로그램이 그 행위들을 모두 기억한다. 2박 3일이 지나고 조사결과에서 방치하거나 학대한 흔적이 나타나면 재수강을 해야 한다. 그 과목을 어렵게 이수한 학생들은 육아는 보통일이 아니라는 것을 마음속에 새기게 된다. 학생들이 그 과목을 이수하게 된 뒤로 미혼모 수가 현저하게 줄었다는 보고가 있다.

이처럼 교육은 우리를 변화시킨다. 요즘은 아빠들을 위한 자녀교육 강연 의뢰가 많은데, 매우 바람직한 현상이라고 본다. 또한, 찾아가는 부모교육이라고 해서 기업체로 초청받는 일도 있다.

언젠가 유치원에서 아빠들을 위한 부모교육을 개설했는데, 그곳에는 부랴부랴 퇴근해서 자리에 앉은 아빠들이 많았다. 유치원에서 준비한 떡과 빵으로 간단하게 식사하면서 아빠들은 강의를 열심히 들었다. 내 책을 사서 읽고 5개 정도의 질문을 미리 뽑아온 아빠도 있었다. 요즘은 그렇게 좋은 아빠가 되기 위해 열심인 사람들도 많다.

무지한 아빠들이 아이를 학대한다

그러나 아직도 많은 아빠들이 자녀교육에 무지하다. 더 큰 문제는 모르니까 용감하다는 것이다. 그래서 아들 허리에 끈을 매달아서 식탁 다리에 묶어놓고 자기는 소파에 누워 잘 수 있는 것이다. 그 아빠는 자신의 행동이 엄연한 아동학대라는 사실을 모른다. 그것은 방임형 학대이다.

사회적으로 이혼이 늘어나면서 가정해체, 가정파괴가 이어지고, 그 결과 방임형 학대도 증가하고 있다. 식사 때가 되면 밥을 먹여야 하는데 먹이지 않는다든지, 몸을 깨끗하게 씻어주어야 하는데 씻어주지 않는다든지, 매일 옷을 갈아입히고 머리도 단정하게 빗어주어야 하는데 그렇지 않는다든지, 날씨나 계절에 맞지 않는 옷을 입힌다든지 하는 것들 모두가 아이를 제대로 보살피지 않는 행위에 속한다. 학교에 보내지 않고 음식을 구걸하고 다니게 하는 행위, 아파도 병원에 데려가지 않는 행위도 마찬가지다. 방임형 학대의 가장 높은 비율은 아이들끼리 또는 혼자서 밤늦게까지 집을 보게 하는 행위다. 그것은 부모가 없는 공간에서 아이에게 안전사고가 발생할 우려가 크기 때문에 매우 위험하다. 게다가 청소년기의 아이들은 비행의 가능성이 높아지므로 심각한 문제로 이어질 수 있다.

아이 키우는 일이 너무 힘든데,
어떻게 해야 할까요?

화장기 하나 없이 아파 보이는 엄마가 상담을 왔다. 처음 그 엄마가 내놓은 말은 "4개월 된 아들 때문에 너무 우울해요"였다. 지금은 집에서 아이를 돌보고 있지만 전문직으로 일을 해서 산후조리가 끝나면 다시 일을 할 생각이라고 했다. 엄마의 주된 고민은 아이가 잠도 자지 않고 잘 먹지도 않고 놀지도 않는다는 것이었다. 그런데 이야기를 들어보니, 집에는 아기를 봐주는 입주 아주머니도 있었고, 근처에 사는 시어머니와 친정엄마도 자주 들르고 있었다. 아기 하나 키우는 일에 주변 사람들이 총동원된 상황인데, 안타깝게도 아기를 돌보는 것과 상관없는 분주함으로 느껴졌다.

상담을 하는 동안 나는 '엄마가 아기의 신호를 아직도 잘 모르고 있다'는 결론을 내렸다. 그래서 지금 집에 돌아가서부터 아기와의 상호작용은 엄마가 전담하고, 부엌일이나 청소는 아주머니가, 반찬은 친정어머니가 맡는 걸로 정리하라고 말해주었다. 특히 엄마는 아기가 보내는 신호에 민감하게 대처하라고 당부했다. 그러자 잠시 머뭇거리더니 사실 아기가 너무 울고, 자지도 않고, 먹지도 않고, 놀지도 않아서 병원에 갔더니 간수치가 너무 높게 나와 입원을 시켰다고 했다. 4개월짜리 아기가 얼마나 힘들고 스트레스가 컸으면 그 지경이 되었을까 생각하니 가슴이 아팠다.

그때부터 엄마 자신에 대해 집중적으로 물어봤다. 산후우울증이 있었던 엄마는 초기에는 낮에 아줌마에게 아기를 맡기고 산후조리를 했고, 저녁에는 아줌마가 쉬게 하기 위해 자신이 아기를 데리고 갔다. 그런데 아기는 수유방식이나 그 밖의 것들이 아줌마와 달라서 그런지 밤에 잠을 자려 하지 않았다. 아기가 밤새 울다 졸다 먹다를 반복하자 둘 다 신경이 날카로워졌고, 엄마는 더욱 더 신경질적으로 변해갔다. 밤에 잘 자지 않으니 낮에도 아기가 징징대기 시작했고, 울다가 잠시 조는 식으로 4개월을 지낸 참이었다.

생후 1년 동안의 발달이 인생을 좌우한다

이 엄마는 힘든 육아에서 벗어나 어서 직장에 나가기만을 고대하고 있는데, 사실 지금 가장 중요한 일은 아이와 적응기간을 길게 잡고 육아에 힘쓰는 일이다. 아이를 생각한다면 지금 이 상황에서 복직을 서둘러서는 안 된다.

생후 1년 동안 이루어지는 영아의 발달은 인간 발달의 첫 단계이기 때문에 특히 중요하다. 발달심리학자 에릭슨은 아기가 태어나서 처음 갖게 되는 감정을 신뢰감이라고 했다. 아기를 돌보는 주 양육자가 아기의 반응에 즉각적으로 반응하면 신뢰감이 형성되어 안정된 애착관계가 이루어지고, 울어도 반응을 하지 않거나 일관성 없는 양육태도를 취하면 불신감이 형성되어 불안정한 애착관계가 만들어진다. 이 시기에 경험한 애착관계의 질은 아기의 성격과 대인관계에 절대적인 영향을 미치기 때문에 매우 중요한 과업이다. 그런 점에서 봤을 때, 이 아기의 경우는 생후 4개월을 스트레스 속에서 지냈으니 신뢰감이나 애착관계 형성에서 이미 문제가 발생했다고 볼 수 있다. 참으로 가슴 아픈 일이다.

이 시기의 아이가 하는 일은 누워서 먹고, 자고, 싸고, 노는 게 전부다. 아이의 이런 욕구가 일관성 있게 충족된다면 그때 알게 된 그 사람, 즉 주 양육자인 엄마를 믿고 따르게 되면서 애착대상 1호로 삼게 된다. 엄마와의 상호작용으로 얻은 애착형성은 이후 애착대상 2호로 아빠, 형제자매, 친구, 더 나아가 인류애로까지 확장된다. 이 시기에 이루어지는 육아를 단순히 아이의 불편함을 해결해주는 것으로만 오해하는 부모가 있다면 하루 빨리 생각을 고치기 바란다.

무지한 엄마는 아이를 힘들게 한다

요즘 엄마들의 사고방식을 보면 10년 전과도 크게 다른 모습이다. 상담실에 들어오는 엄마들은 하나같이 판에 박힌 행동을 보인다. 문을 열고 들어온 엄마는 자리에 앉으면서 지갑 속에서 메모지를 꺼내 들고 번호 순서대로 질문을 하기 시작한다. 그리고 내 입에서 나오는 말들을 열심히 받아 적는다. 재미있는 것은 다른 엄마들이 들어와서 하는 질문도 거의 비슷하다는 점이다.

"지난달에 돌잔치를 했는데요. 언제부터 한글을 가르쳐야 하나요?"

"만약 두 돌쯤 지나서 제가 다시 직장생활을 시작한다면 아이에게 어떤 안 좋은 일이 생길 수 있나요?"

"곧 어린이집에 보낼 건데요. 하루 종일 맡기는 게 좋을까요, 반나절만 보내는 게 좋을까요?"

"문화센터 프로그램을 시작하려고 하는데, 언제부터 하는 게 좋을까요?"

엄마들과 상담을 하다 보면 큰일이라는 생각이 들 때가 많다. 별 고민도 없고, 아는 것도 없이 남들 따라서 아이를 키우면 된다고 생각하는 엄마들 때문이다. 등산을 해본 사람은 알겠지만, 산을 올라갈 때는 미처 보지 못했던 것들을 내려가는 길에 발견할 때가 많다. 그저 산 정상에 올라야 한다는 생각으로 앞 사람 발뒤꿈치만 보고 올라가기 때문에 주변을 둘러볼 여유를 못 부리는 탓이다. 지금 당장 육아일이 힘들더라도 다시는 돌아오지 않을 이 중대한 시기를 아이들과 즐기는 부모가 되었으면 싶다. 그것은 부모 자신의 행복뿐만 아니라 그 밑에서 자랄 아이의 행복한 인생을 위해서도 가장 좋은 방법이다.

상담을 마친 엄마들 상당수는 후회와 반성, 두려움이 섞인 눈물을 흘리고 갈 때가 많다. "제가 너무 무식한 엄마 같아요. 우리 아이가 불쌍해요"라고 반성하는 엄마들도 꽤 된다. 거기다 앞으로 조언을 잘 지키고 제대로 이행해 나갈 수 있을까 하는 자신에 대한 의심을 가지면서 두려움 반, 괴로움 반의 심정에서 눈물을 흘리는 것 같다.

나는 엄마들이 물어오는 것들에 "Yes"와 "No"를 직접적으로 대답해주려고 노력한다. "그건 옳지 않아요"와 "아주 훌륭한데요"도 마찬가지다. 두루뭉술하게 대답하거나 조언해주면 큰 문제로 받아들였으면 하는 것들을 별일 아닌 것으로 가볍게 해석하는 엄마들이 있다. 문제가 있다면 확실하게 문제로 인식시켜서 고치게 해야 한다고 생각한다. 지금 당장 들을 때는 다소 상처가 되더라도 나중에 가면 오히려 약이 될 것이라 믿는다.

출산을 전후해서 시작되는 우울증도 양육과 관련된 부담과 스트레스에서 오는 경우가 많다. 그렇다면 그 역시 '부모가 된다는 것'을 제대로 배우고 인식함으로써 벗어날 수 있을 것이다.

매사를 물어보고 확인하는 아이,
어떻게 해야 할까요?

    부모교육이 끝나고 한 엄마가 아들에 대한 고민을 털어놓으면서 어떻게 하면 좋겠느냐고 물었다.

    "중학교 2학년인 아들이 있는데요, 말썽을 피우거나 하지는 않아요. 그런데 매사를 저한테 묻고 행동하려고 해요. 하고 나서도 꼭 보고하고요. 언제부턴가 그렇게 안 해도 되고, 이제 네가 결정해서 하고 싶은 대로 해보라고 해도 행동이 변하지 않아요. 솔직히 요즘은 그런 아이에게 조금 짜증이 나기도 해요. 한편으로는 커서도 저러면 어쩌나 싶어서 걱정도 되고요. 고칠 수 있는 방법을 알려주세요."

칭찬은 '귀로 먹는 보약'이다

어려서부터 엄마 말을 잘 들었던 아이에게 늘 어떻게 하라고 방향을 일러주었다면 그것이 아이에게 습관이 되었을 것이다. 습관처럼 틀이 잡힌 뒤에는 그 틀을 바꾸는 데 적지 않은 시간이 걸린다. 이제부터라도 매번 물어보지 않고 스스로 선택하도록 지도할 필요가 있다.

이런 경우에는 아들이 엄마에게 묻지 않고 한 일이 있을 때 적극적으로 칭찬을 해줘서 자신감을 갖도록 해야 한다. 예컨대, "엄마, 나 오늘 뭐 입고 나갈까?"라고 묻는 아이에게 "오늘은 네가 한번 골라서 입어봐"라고 했다고 치자. 잠시 후 아들이 옷을 골라입고 나오면 그 옷차림에 대해 멋있다고 칭찬해주고 탁월한 선택이라고 말해주는 것이다. 그런 경험들이 쌓이면 아들은 두려움이 없이 스스로 선택하는 일을 즐기게 된다. 이것이 바로 칭찬의 힘이다.

칭찬은 '귀로 먹는 보약이다. 비타민이나 종합영양제를 열심히 챙겨 먹이는 것보다 이렇게 칭찬거리를 찾아서 칭찬해주는 것이 더 중요하다. 칭찬은 아이에게 비타민보다 좋은 보약이 될 것이다.

미국의 한 초등학교에서 실험을 했다. 지능검사와 상관없이 한 개 반을 정해서 선생님들에게 "이 반은 우리 학교에서 가장 우수하고 똑똑한 학생들을 모아놓은 반"이라는 거짓정보를 주었다. 많은 선생님들이 기대감을 가지고 그 반을 가르쳤다. 그로부터 일 년 뒤, 평범한 학생들로 구성된 그 반은 선생님들의 사랑과 관심, 칭찬을 받으면서 서서히 학습태도가 바뀌었고, 점진적으로 공부에 대한 관심과 열의가 높아져 결국 월등한 학습능력을 드러내는 연구결과가 나왔다. 이것을 피그말리온 효과 또는 로젠탈 효과라고 한다. 결국 우리 모두는 칭찬 속에서 성장의 가능성을 확장하게 된다는 것을 말해준다.

아이의 시행착오는 성공으로 가는 길

처음의 상담내용으로 돌아가 중학교 2학년인 아들이 "엄마! 학원 갔다 오는 길에 친구네 집에서 숙제하고 와도 돼요?"라고 묻는다면 엄마는 "그럼"이나 "안 돼"라는 직접적인 답 대신에 이렇게 말해주면 좋다.

"너는 어떻게 하고 싶니? 친구랑 놀다가 숙제를 못하게 된다면 그때는 어떻게 할 거니?"

아들은 본인이 하고 싶은 대로 선택을 할 것이다. 그리고 만약 실수를 하게 된다면 그 역시 아이에게 좋은 기회가 된다. 시행착오를 겪고 실수를 통해 지혜를 얻는 과정은 진정한 의미의 경험교육이라 할 수 있다. 세상에 경험보다 앞선 교육은 없다.

한 엄마가 직장에서 일을 하고 있는데 문구점이라면서 전화 한 통이 걸려 왔다. 초등학교 5학년에 다니는 아들이 볼펜 두 자루를 몰래 가지고 나가다가 걸렸다는 것이다. 전화상으로 그 엄마는 문구점의 주인에게 이렇게 부탁했다.

"제가 이따가 가면 이 사건을 학교 교장선생님께 알린다고 하면서 이름과 학년, 반을 꼭 물어봐주세요."

주인은 알겠노라고 했고, 엄마는 부랴부랴 문구점으로 달려갔다. 아들은 문구점의 한구석에 서 있었다. 달려온 엄마를 본 아들은 구세주를 만난 것처럼 살려달라는 표정을 지었다. 엄마는 주인에게 아들의 행위를 다시 듣고 손이 발이 되게 빌고 죄송하다고 말했다. 그리고 이미 짜여진 각본대로 주인은 이 사실을 학교에 알려야 하니까 이름, 학년, 반을 대라고 아이에게 말했다. 아들은 그때서야 자기가 한 행동이 엄청난 잘못이라는 걸 알고 겁을 먹고 울기 시작했다. 그쯤 됐을 때 엄마가 아들 앞에서 주인에게 이렇게 애원했다.

"정말 죄송합니다. 제가 잘못 키운 탓입니다. 이번 한 번만 용서해주시면 다음에는 절대로 이런 일이 없을 겁니다."

아들 앞에서 각서까지 쓴 엄마는 볼펜 값을 지불하고 문구점을 나왔다. 두 사람은 아무 말 없이 집으로 향했는데, 아들이 먼저 말문을 열었다.

"엄마, 미안해요. 잘못은 내가 했는데, 엄마가 비니까 정말로 죄송했어요. 다음부터는 정말로 이런 일 없어요. 믿어주세요."

잠시 침묵이 흘렀고, 엄마가 아들에게 말했다.

"엄마가 너에게 그런 짓 하라고 가르치지 않았지만 네가 그런 행동을 하면 많은 사람들은 엄마가 널 그렇게 가르쳤다고 생각해. 그래서 엄마가 잘못했다고 용서를 빈 거야."

그 일이 있고 나서 아들은 좀 더 성숙해졌고, 모자관계도 친밀해졌다. 사실, 이 정도 사건은 집집마다 하나씩은 있을 정도로 흔한 일이다. 이때 엄마가 현명하게 대처하느냐 그렇지 못하느냐에 따라 아이가 실수를 통해 배우는 것의 내용이 달라질 수 있다. 아이 키우는 일이 그렇게 만만치가 않다.

실수를 통해 성공으로 가는 길을 배운다는 말은 '지혜를 배운다'는 말이다. 실수를 실패로 생각하는 부모도 있는데, 그것은 아주 큰 것을 놓치는 어리석은 부모이다. 또한, 아이들이 겪는 시행착오를 아까운 시간낭비라고 생각해서 매사에 정답을 주려는 부모도 있는데, 이는 매우 잘못된 방법이다. 자녀 키우는 일을 지름길로 가겠다는 생각은 절대로 옳지 않다.

좋은 부모가 되기 위해 지켜야 할 7가지 행동원칙

프리엘 부부가 쓴《부모가 저지르는 7가지 잘못》에서 그 7가지는 사실 '좋은 부모가 되기 위해 지켜야 할 7가지 행동원칙'이라 할 수 있다. 그 원칙은 이렇다.

첫째, 자녀를 하나의 독립적인 인격체로 대해야 한다. 아이는 자기 나름의 세계와 생각을 가지고 있는 존재다. 그것을 파악하는 것이 좋은 부모가 되는 길이다. 그런데 많은 부모들이 자녀를 자신의 소유라고 생각함으로써 많은 시행착오와 실수를 한다. 자녀는 부모를 통해 세상에 나오지만, 엄격히 말하면 타인이다. 따라서 하나의 인격체로 존중하고 적당한 거리를 유지하면서 사랑하고 돌보아야 한다.

둘째, 자녀 스스로 찾아서 하는 활동이 필요하다. 부모가 필요하다고 생각하는 활동은 오히려 자녀에게 도움이 되지 않는 경우가 많다. 대부분의 부모들이 뭔가를 먼저 생각해내서 자녀에게 제시하고 강요한다.

"다 널 위해서 하라는 거야."

정녕 자녀들이 싫어하고 짜증을 내는데도 계속하라고 요구하는 부모가 있다면 한번쯤 생각해야 할 원칙이다.

셋째, 아이가 체계적인 생활습관과 규칙에 따른 행동을 하지 못한다면 그것은 부모의 책임이다. 그래서 부모가 된다는 것은 어려운 과제다. 아이의 습관은 부모를 보고 배운 것이다. 따라서 부모가 먼저 모델링을 하여 어려서부터 아이에게 전수하는 게 좋다. 부모는 밤늦게까지 안 자면서 아이더러 일찍 자라고 하면 아이들은 시늉은 한다. 그러나 결국은 부모의 습관이 아이들의 습관이 된다.

넷째, 자녀에게 어른과 아이 사이에는 분명한 경계가 있다는 것을 알려주어야 한다. 부모는 자녀의 친구가 아니므로 지켜야 할 적절한 예의와 행동방식이 있음을 가르쳐야 한다는 말이다.

다섯째, 자녀에게 정말 중요한 것은 부모 자신을 사랑하고, 부모 자신의 감정에 충실한 모습을 보여주는 것이다. 반대로 자녀를 위해 희생하고 있다는 것을 아이가 느끼게 하는 것은 또 다른 심리적 족쇄를 채우는 것임을 유념해야 한다.

여섯째, 아이의 인생은 아이의 것이지 부모의 것이 아니다. 따라서 아이가 원하고 선택했다면 그 선택을 존중해줘야 한다. 아이가 잘못될 것을 염

려해 매번 따라다니면서 챙겨주고 대신해주는 것은 부모의 잘못된 사랑법이다. 평생 아이 인생을 대신 살아줄 수 있다면 모를까 빨리 고쳐야 할 행동이다.

일곱째, 부모는 좋은 부부관계를 만들 수 있을 때 가능하다. 다시 말하면 부부관계는 좋지 못하면서 좋은 자녀관계를 만들기 위해 노력하는 것은 자신의 심리적 갈등과 욕구를 자녀를 통해 대리만족하는 것이며, 자녀를 이용하는 것이다. 그것이 지속되면 가족 모두가 피곤해지고 만다. 가정 분위기는 아이들이 만드는 것이 아니고 부부가 만드는 것이다. 부부가 각 방을 쓰고, 식사도 같이 안 하고, TV도 각자 보게 되면 아이들은 그 썰렁한 분위기가 무엇을 의미하는지 다 안다. 이런 가정의 아이들은 부모들이 아무리 잘해주어도 그것을 불편한 사랑으로 받아들인다.

부부 사이가 좋아지게 하는 방법 하나를 알려드린다. 상대방의 칭찬거리 7개를 찾아서 종이에 써보자. 단, 칭찬은 사실에 입각한 것이어야 한다. 그 7개의 칭찬거리를 냉장고에 붙여두고 이렇게 활용해보자. 1번은 월요일에, 2번은 화요일에…… 7번은 일요일에 남편에게 칭찬해주는 것이다. 가령 1번의 칭찬 내용이 '정직하다'라면 월요일에 적용한다.

"옆집 아저씨는 약주만 하면 이상한 소리를 해서 집안이 시끄럽대. 그런데 당신은 재미는 좀 없지만 근거 없는 소리하는 그런 사람은 아니잖아. 정직한 당신을 만난 건 내게 축복이야."

화요일부터 일요일까지 각각의 칭찬거리를 가지고 이렇게 적용하면 된다. 일요일까지 다한 뒤에는 월요일에 다시 정직에 대해서 또 칭찬하고 인정해준다. 처음에는 낯간지러워서 주저할 수 있지만 조금씩 노력하다 보면 습관처럼 하게 될 것이다.

새로운 습관이 만들어지려면 적어도 3주일은 지속해야 된다고 한다. 이런 얘기를 강연에서 했더니, 어떤 엄마가 손을 들고 물었다.

"2개 찾기도 어려운데 7개를 찾으라니요. 게다가 그 칭찬을 3주일을 하라는 건 너무 잔인한 일이에요."

그 자리에 있던 모든 사람이 크게 웃었다. 이에 대해 처방을 드린다면 '약'을 먹고 해보자. 늘 먹는 종합비타민이 있다면 오늘부터 그것을 '칭찬약'이라고 생각하고 먹자. 먹고 나면 자동적으로 남편에게 칭찬과 인정을 하는 것이다. 그렇게 3주일을 계속하면 목석같은 남편도 슬슬 달라진다. 부부학 강의에서 들은 얘기인데, 남편은 아내의 인정을 받을 때 목숨까지 내놓을 힘을 갖게 된다고 한다. 그에 반해 아내는 남편의 시선과 관심에 목말라 한다고 한다. 3주일간 지속적으로 칭찬받고 인정받은 남편은 한편으로 고맙고 내심 기분이 좋아져서 아내에게도 관심과 시선을 돌리게 될 것이다. 이때쯤 아내가 헤어스타일을 바꾸고 집에 오면 남편은 이렇게 말할 것이다.

"당신 예전 모습 그대로네. 당신은 정말 동안이야."

당장 실천해보자. 톨스토이는 신으로부터 받은 이성은 진리를 알기 위한 수단이고, 인간의 이성적 활동은 사랑이라고 말했다. 부부간의 사랑의 시작은 남편을 인정해주는 것이고, 그 보답으로 남편이 아내에게 시선과 관심을 준다면 그것이 사랑의 열매라고 생각한다.

3장

부모의 조급증은 아이를 병들게 한다

조급증에서 벗어나 교육이라는 전체 숲을 보고 그 안에서 아이를 어떤 나무로 키울지 고민하자. 처음부터 성적의 고삐만 잡아당기면 아이는 공부의 재미를 알기도 전에 지쳐서 나가떨어지고 만다.

책을 읽고 나서 물어보면
책을 싫어하게 될까요?

책을 읽어주고 나서 내용에 집중했는지 확인한답시고 아이에게 질문을 하는 엄마들이 많다. 그런 엄마들은 내게 와서 자신의 교육방법이 맞는지를 확인받고 싶어한다. 대답을 잘할 때는 괜찮지만 아이가 대답을 못할 때 왜 집중하지 못하냐고 자꾸 야단을 치게 되는데, 자신의 그런 방법이 혹시 아이에게 나쁜 영향을 주지 않을까 불안한 것이다.

그 불안감은 어느 정도 맞다. 엄마가 책을 읽어주고 책 내용에 관해 질문을 하는데 대답을 못하면 야단맞는 아이가 있다고 치자. 그런 경험이 몇 번 쌓이면 아이는 엄마가 책 읽자는 말만 꺼내도 '아, 엄마의 잔소리가 또 시작되겠구나'라는 생각을 하게 된다. 결국 아이는 즐거움보다 긴장감 속에서 책을 읽게 되고, 그 시간이 즐겁지 않으니 책도 싫어지게 된다.

하루 15분, 세 권의 책을 읽어줘라

멀티미디어 시대가 되면서 책읽기는 우리 생활에서 점점 멀어져가고 있다. 대학 강의실에서도 강의 내용을 받아쓰고 메모하기보다는 스마트폰으로 칠판에 적어놓은 내용을 찍어가는 세상이다. 그뿐인가? 정보통신기술의 최강국에 살고 있음을 증명이라도 하듯이, 지하철에 탄 사람들은 하나같이 스마트폰을 들여다보며 게임을 하거나, 음악을 듣거나, 인터넷 검색을 하거나, 챙겨 보지 못한 드라마를 보거나, 카톡을 하느라 바쁘다. 모두들 그렇게 하기로 약속이라도 한 것 같은 획일화된 분위기다. 요즘 지하철의 풍경은 현대사회의 인간소외, 소통상실의 단면을 여실히 보여준다. 물론 문자나 카톡으로 소통을 하지만 그 내용을 자세히 들여다보면 제대로 된 문자를 찾기가 쉽지 않다. 국적 없는 글자뿐만 아니라 비속어, 은어, 축약어 등 내용을 파악하기 힘든 것들도 많다.

독일의 철학자 피히테는 인간이 언어를 만드는 것이 아니라 언어에 의해 인간이 만들어진다고 주장했다. 한 사람이 사용하는 언어는 그 사람의 생각과 행동을 예측할 수 있다는 뜻이다. 문자화된 말들이 거칠다면 그것을 사용하는 사람의 생각과 행동 또한 거칠어질 수밖에 없다. 한 사람의 말과 생각은 독서를 통해 만들어지는 경우가 많다. 그래서 미국에서는 수학교육이나 미술교육처럼 독서교육 역시 전공자의 필요성을 강조하며, 책 읽는 능력이 모든 학문에 기초가 된다고 주장한다.

독서교육 전문가들은 하루에 15분, 세 권 정도의 책을 읽어주라고 말한다. 세 권의 책은 아이가 좋아하는 책, 익숙한 책, 새 책으로 고르라고 조언한다. 아이들은 똑같은 책을 200번이나 읽어 달라고 하면서도 재미있는 부분이 나오면 어김없이 킥킥대며 웃는다. 재미있는 부분이 중간쯤에 있다고 해서 중간부터 읽어 달라고 하는 아이는 거의 없다. 아이들은 가장 재미있는 부분을 듣기 위해 처음부터 읽으며, 재미있는 부분이 나오는 순간을 즐긴다.

아이들마다 책을 통해 얻는 기쁨이 다르다. 아이가 책읽기에 흥미를 느끼지 못한다면, 우선 책 읽는 시간이 너무 길어 아이가 지루해하는 건 아닌지 살펴보자. 또 매번 새로운 내용의 책만 읽어주고 있거나 지식 전달을 목적으로 하는 재미없는 책만 읽어주고 있는지도 살펴야 한다.

자유롭게 상상하고 이야기하는 시간을 가져라

한 엄마가 아이에게 책 읽어주는 모습을 우연히 본 적이 있다. 얼마나 재미있게 읽어주는지 그 엄마의 표정이 오래도록 기억에 남아있다. 책을 다 읽어주고 나서 엄마가 아이에게 물었다.

"너 같으면 어떻게 할 것 같니?"

책 내용의 결말을 가지고 묻는 것 같았다. 아이는 글쎄 하는 멀뚱한 표정을 지었다. 그러자 엄마가 이렇게 말했다.

"엄마라면 새를 타고 구름 위까지 올라갔다 왔을 거야. 구름이 정말 솜털 같은지 만져보고 싶거든."

엄마 말이 끝나기가 무섭게 아이도 하고 싶은 게 생각났는지 재잘재잘 신나게 떠들었다.

"그것도 참 재밌겠구나."

아이와 마주보며 이야기를 나누는 엄마는 정말로 신이 난 표정이었다. 그 엄마의 신나는 책읽기 활동은 독후활동의 정석이라고 칭찬할 만하다.

책을 읽고 나서 나누는 대화는 이처럼 정답이 없는 자유로운 사고로 연결되어야 한다. 그러면 아이는 재미있게 부담 없이 즐거운 대화에 빠져들 수 있다. 가령, 이야기 속의 주인공들이 느꼈을 감정을 서로 얘기해본다든지, "넌 누가 제일 좋니?"라고 가볍게 물어도 좋다. 만약 책 내용을 떠올리면서 답을 찾는 질문, 즉 "토끼가 몇 마리 나왔니?", "도끼가 모두 몇 개였니?"와 같은 독후활동을 해왔다면 방법을 달리해야 한다. 정답이 없으면서 자유롭게 상상하고 얘기할 수 있는 확산적 사고활동을 할 수 있는 독후활동이 이루어져야 한다.

독일의 대문호 괴테의 어머니가 그 좋은 본보기다. 괴테의 어머니는 아들에게 매일 책을 읽어주었다. 그런데 책 내용의 뒷부분을 늘 생략하고, 괴테에게 마무리할 수 있는 기회와 시간을 주었다. 그래서 괴테는 '오늘은 어떻게 이야기를 마무리할까?'를 늘 고민했다고 한다. 어머니의 의도된 독서

교육이 위대한 작가가 되는 밑바탕이 되었다고 할 수 있다.

독서는 열린 마음으로 세상을 보고 배우는 도구라 할 수 있다. 어려서부터 아이들에게 독서교육을 해야 하는 이유가 여기에 있다. 독서는 아이들의 사고의 폭을 넓히는 데 가장 큰 역할을 한다. 또한, 부모가 책 읽는 모습을 본보기로 보이는 한편, 국어사전을 활용하는 것도 적극적으로 가르쳐주자. 아이의 나이에 맞는 이야기책도 좋지만 과학 관련 책, 경제 관련 책, 동식물 관련 책, 여행 관련 책 등을 두루두루 읽히면 아이의 흥미와 관심을 찾는 데도 도움이 된다.

한편, 주말에는 가족이 함께 책 한 권씩을 들고 동네 둘레길이나 약수터가 있는 등산로를 찾아가 보자. 산속에서 책을 읽으면 집중력이 높아지고, 책 내용에 대한 이해력도 좋아진다. 산속은 다른 곳에 비해 산소 농도가 높아서 신체에 산소공급을 충분히 해주어 상쾌함을 느끼게 하고, 혈액순환도 좋아지기 때문이다.

놀기만 하다가 학교에 가면
뒤떨어지지 않을까요?

학령 전 아이들을 키우는 엄마들 중에 선행학습에 대한 고민을 하는 사람들이 참 많다. 아들 둘을 키우고 있다는 한 엄마는 아이들과의 일과가 놀다가 싸우고 화해하고, 먹고 장난치다가 싸우고, 같이 마트에 나가 장보는 게 다라며 이러다가 학교 가서 빵점을 받아오는 것은 아닐까 걱정이라고 했다. 이 시기의 아이에게 공부보다 놀이가 더 중요하다고 생각해서 맘껏 뛰놀게 하고 있지만 한편으로 불안감이 생기고 있다는 것이다. 게다가 공부 좀 시킬까 하면 앉아있는 습관이 안 되어서 잡아다 자리에 다시 앉히는 일도 스트레스라고 했다.

자, 그렇다면 아이의 공부는 언제부터 어떻게 시키는 게 좋을까?

준비되지 않은 상태에서 공부는 독이 된다

개인적으로 나는 아이들에게는 놀이가 학습이라는 생각을 하는 사람이다. 단, 학교에 들어가기 전에 책 읽어주는 일은 부지런히 해야 한다. 엄마가 책을 읽어주면 아이는 그 내용을 따라가면서 집중하는데, 그것은 학교 가서 공부에 집중하는 힘과 동일하다. 그러므로 초등학교 입학 전부터 아이들 나름의 공간을 마련해줘서 그 자리에서 퍼즐을 한다든지, 엄마가 구연으로 책읽기를 한다든지, 읽어준 책의 그림을 보면서 아이가 엄마에게 다시 이야기를 들려주게 한다든지 뭔가에 집중할 수 있는 기회를 만들어줘야 한다.

간혹 서너 살 때부터 학습지를 시키는 엄마들이 있다. 그러나 두뇌발달상 아직 준비되지 않았을 때 시작하는 유아기의 공부는 나중에 학습을 지겨워하거나 공부에 집중하지 못하는 산만한 아이로 자라게 할 가능성이 높다. 요즘 아이들이 과거보다 더 산만하다는 평가를 받는 점에서 나는 조기교육의 영향이 적지 않다고 본다. 수많은 아동발달 전문가들이 유아기에는 공부보다 놀이가 중요하다고 아무리 강조해도 선행학습을 시키는 부모들이 꽤 많다. '선행학습을 시키는 이유'에 대한 여론조사가 있었는데, '불안해서 가만히 있을 수가 없다'가 압도적인 1위를 차지했다. 그렇다면 부모들은 왜 불안해하는 것일까? 불 보듯 뻔한 일이다. 앞집, 뒷집, 윗집에 학습지 선생님들이 오가기 때문이다.

잠깐 여기서 문제를 하나 내겠다. 이런 문제를 두뇌발달상 몇 살 정도가 되어야 맞출 수 있을지 생각해보자.

"참새가 전깃 줄에 다섯 마리 앉아있다가 세 마리가 날아갔다. 지금 몇 마리가 남아있을까?"

이런 문제는 두뇌발달상 구체적 조작기에 해당하는 초등학교 1학년이 되면 가르치고 연습할 필요도 없이 쉽게 정답을 맞출 수 있다. 그런데 엄마들은 아이가 세 살만 되어도 이런 문제를 풀게 하고 싶어한다. 방문학습지 선생님은 이런 문제를 가지고 와서 부지런히 풀리고 또 풀린다. 이런 식으로 연습하고 훈련하면 남들보다 앞서가고 뭐든지 잘하게 될 것이라 믿는 것 같다. 대체 그 믿음의 근거가 무엇인지 궁금할 따름이다.

시작은 중간 이상이면 된다

그런데 사실은 정반대 현상이 벌어진다. 발달심리학자인 피아제는 두뇌발달상 그 연령대를 두뇌조작 전 단계라고 해서 전조작기라 명명했고, 사고가 이루어지지만 비체계적이고 비논리적이므로 구체적인 조작을 시키지 말라고 하였다. 그런데 우리나라의 부모들 중에는 이런 발달 순서를 무시하는 사람들이 너무 많다.

부모들이 시키는 선행학습이 언제까지 가능할 것 같은가? 내가 지켜본 바로는 초등학교 3학년까지는 그럭저럭 가능한 것 같다. 그런데 3학년 아이에게 4학년 수학을 가르치는 일은 무척이나 어렵고 고달픈 일이다. 왜냐

하면 그 수준이 갑작스럽다는 말이 나올 정도로 어려워지기 때문이다. 그렇다고 엄마 실력으로 풀 수 없다는 말이 아니다. 풀 수는 있지만 아이에게 가르치기 힘들어진다는 말이다. 예컨대 동전을 던졌을 때 앞면이 나오는 경우의 수, 즉 확률 문제가 나오기 시작하면 엄마들은 아이들을 보습학원으로 보내기 시작한다. 초등학교 3학년 때까지 백 점만 받던 아이가 4, 5학년이 되면서 성적이 곤두박질치는 경우가 많은 것은 바로 그 때문이다. 공부는 그야말로 아이 스스로 자기주도적 학습을 하도록 해야 한다. 옛말에 말을 우물까지 끌고 갈 수는 있지만, 억지로 물을 마시게 할 수는 없다고 했다. 공부도 마찬가지다.

초등학교에 들어가자마자 무조건 백 점을 받아야 된다고 생각하면 아이도 엄마도 힘들어진다. 시작은 중간 이상이면 된다. 초등학교 1학년을 55점으로 시작했다고 치자. 이 아이는 점수를 높이기 위해 학교 공부에 집중할 수밖에 없다. 또, 열심히 공부해서 성적이 조금씩 오른다면 공부의 재미도 알게 된다. 그러나 선행학습을 했던 아이들은 학교 공부가 지겹다. 3년 전부터 풀었던 문제를 다시 공부하는데 재미있을 리가 만무하다. 그 아이들에게는 장난치고 딴짓하면서 풀어도 되는, 눈감고도 풀 수 있을 것 같은 시시한 문제인 탓이다. 상황이 이렇다 보니 수업태도가 좋을 리 없다. 수업시간에 집중하지 않는 아이를 선생님이 예뻐할 리도 없다. 이런 식으로 산만한 학습태도가 1년, 2년, 3년 지속되면 그것을 바꾸는 일이 힘들어진다. 이미 몸에 습관으로 배어버렸기 때문이다. 이런 마당에 설상가상으로 학습내용까지 어려워지기 시작한다. 수업에 집중하기도 힘들고 공부도 어려워진 아이들 중에는 수학을 포기하는 경우도 생긴다.

실제로 얼마 전에 초등학교 5학년 아이들 중에 수학을 포기하는 아이들이 많다는 뉴스를 보았다. 평생학습을 운운하는 세상에서 초등생이 포기를 말하다니, 참으로 안타까운 현실이다. 그것은 학부모, 선생님, 학교 모두가 반성하고 머리를 싸매고 풀어야 할 문제이다.

아이 교육, 초급증에서 벗어나자

예전에 중학교에 막 들어간 아들이 선생님에게 들은 얘기를 들려준 적이 있다.

"여기 앞줄은 광석, 중간 이하 뒷줄은 맥석이다."

그 말은 나에게 적지 않은 충격을 주었다. 이제 막 중학생이 된 아이들에게 성적 하나 가지고 광석, 맥석 타령을 하다니, 반 아이들의 절반 이상을 패배자로 낙인찍은 셈이다. 그 시절에는 중학교에 들어가면서부터 본격적인 경쟁구도가 시작되었다면, 15년이 지난 요즘은 초등학교 5학년으로 그 시기가 앞당겨진 모양이다. 우리 사회의 '빨리빨리 문화'가 낳은 병폐가 아닐까 싶다. 그렇게 빨리빨리 가서 대체 뭘 하려고 그러는 걸까? 어느 사회심리학자는 우리 민족이 빨리빨리를 좋아하는 이유가 국토의 험한 산세로 소통과 교통이 어려워서 서두르는 버릇이 생긴 데 있다고 말했다. 그러나 우리가 명심해야 할 것이 있다. 중심을 잡지 못한 채 뭔가에 쫓기듯 남들

하는 대로 열심히만 했다가는 잘하는 것도 없이 아주 엉뚱한 곳에 도착할 수 있다는 사실이다.

부모님들에게 특히 아이의 공부나 성적표에 연연하지 말고 여유를 가지라고 말하고 싶다. 병적인 수준으로 치닫고 있는 조급증에서 벗어나 교육이라는 전체 숲을 보고 그 안에서 아이를 어떤 나무로 키울지를 고민하기 바란다. 학교 공부를 시작하는 초등학교 1학년 때부터 무조건 백 점을 받아야 하고, 그 점수를 꼭 유지해야 한다는 생각은 너무 잘못되었다. 처음부터 성적의 고삐만 잡아당기면 아이는 공부의 재미를 알기도 전에 지쳐서 나가떨어진다는 것을 유념하기 바란다.

공부는 할 만큼 했으니 요리에 전념하겠다는데,

어떻게 해야 할까요?

　　부모교육 강연을 마치고 받았던 질문을 하나 소개한다. 그곳에 앉아있던 엄마들도 놀라 웅성거렸던 일이라 기억이 생생하다.

　　초등학교 내내 전교 1등을 놓치지 않았던 딸아이가 중학교에 가더니 갑자기 변해버렸다. 어느 날 아이는 심각한 표정으로 엄마에게 할 말이 있다고 했다.

　　"엄마, 난 초등학교 다니는 동안 전교 1등을 놓치지 않으려고 정말로 최선을 다했어. 평생 할 공부를 다한 느낌이야. 그래서 중학교에서는 공부는 그만하고 요리에만 전념하고 싶어. 그동안 엄마가 원하는 대로 열심히 공부했으니까, 이제 엄마가 날 도와줬으면 좋겠어."

엄마는 아이의 갑작스러운 말에 깜짝 놀랐다. 아이는 그동안 싫은 기색 하나 없이 학원에 다녔고, 학습지 선생님과도 매우 친하게 지냈다. 그래서 딸아이가 공부 스트레스를 받고 있다고 생각한 적이 한 번도 없었다. 어떻게 해야 할지 모르겠다면서 엄마는 너무 막막해했다.

엄마를 위해 하는 공부는 쉽게 지친다

공부는 누구나 하는 일이다. 그런데 공부를 하는 태도나 방식은 저마다 다르다. 늦게 시작한 공부에 재미를 붙여 오래도록 하는 사람이 있고, 일찍 시작해서 남들만큼 기본만 하고 마는 사람이 있고, 그 내용만 달라질 뿐 평생을 공부하는 사람도 있다. 이중에서 오래도록 공부하고 연구하는 사람들을 보면 자기가 좋아서 하는 공부이기 때문에 누가 뭐래도 시간을 내서 공부하고 일부러 찾아서도 한다. 공부는 남을 위해 하는 것이 아니고 자신을 위해 하는 것이기 때문에 누군가에게 등 떠밀려 억지로 한다면 결코 오랫동안 하기가 어렵다.

이 아이는 전교 1등이 되기 위해 공부할 때 엄마를 위해 공부한다고 생각했던 모양이다. 엄마를 위해서 그동안 열심히 공부했으니 이제부터는 자신이 하고 싶은 것을 하고 싶다고 허락을 구하는 것을 보면 말이다. 어느 정도 보상받고 싶은 심리도 작용한 듯하다. 이야기를 들었을 때 나는 아이가 뭔가에 쫓기고 있는 것 같은 느낌을 받았다. 요리에 관심을 가지되, 중고등학교를 다니면서 차차 생각하자고 아이를 설득하라고 상담을 마무리했는데, 그 이후가 궁금하다. 아이의 반응으로 짐작해보건대, 앞으로도 계속 공부를 잘해야 된다고 요구할 수는 없는 상황이다.

공부에는 때가 없다

개인적으로 알고 지내는 유명 헤어스타일리스트가 한 명 있다. 그녀는 어렸을 때 가정형편이 어렵지는 않았는데, 고등학교를 졸업할 당시에 남들이 다 가니까 따라가는 대학은 의미도 없고 돈 낭비라고 생각해 진학을 포기했다. 대신 평소에 머리 만지고 멋 내기를 좋아했던 그녀는 직업학교에 들어가 여러 개의 미용자격증을 취득해서 일을 시작했다. 처음에는 바닥에 떨어진 머리카락 쓰는 일을 하였는데, 차츰 미용실 분위기를 익히고 잘나가는 수석 헤어스타일리스트들의 처세를 배웠다. 한동안 그런 생활을 하다가 손님들 머리를 감기고, 드라이를 하기 시작했다. 어느 정도 경력이 쌓였을 때 우연찮게 미용대회에 나가게 됐는데 입상까지 하게 되었다. 그것이 그녀에게는 대단한 전환점이 되었다. 그 후 수석 헤어스타일리스트로 여러 곳에서 일을 했고, 당시 꽤 잘나가는 큰 미용실에서 일하게 되었다. 돈도 많이 벌고 다양한 고객들을 만나다 보니 누가 뭐라지 않았는데도 학력 콤플렉스를 느끼기 시작했다. 그녀는 '지금이 내가 공부할 때구나'라고 생각해 모 대학 경영학과에 입학했다. 나중에 미용실 사업을 하려면 경영을 공부해 두는 것이 좋겠다는 생각에서였다. 그녀는 결국 대학의 졸업장을 손에 쥐었다.

나는 '공부에는 때가 있다'는 말은 일반론이라고 생각한다. 부모의 역할은 아이들이 스스로 원하는 것을 해나가도록 밀어주고 격려해주고 칭찬해주는 것이다. 왜냐하면 프로펠러가 부모에게 있지 않고 아이에게 있기 때문이다. 아이들이 뭔가를 하고 싶다고 얘기하는 것은 사실 아이가 이미 주사위를 던졌다고 봐야 한다. 그때 부모는 무조건 지지해주고 밀어줘야 한다.

대학의 학부 교양수업에서 나는 자신의 생육사를 조사해서 상세하게 써오라는 과제를 내줄 때가 있다. 학생들은 어려서 분유를 먹었는지, 모유수유를 했는지, 순한 편이었는지, 까다로운 편이었는지를 엄마에게 물어 생육사를 써낸다.

지금 내가 소개하는 내용은 그 생육사 과제를 냈던 한 여학생의 것이다. 그 학생은 초등학교 시절에 성적이 꽤 좋은 편이었다. 그런데 중학교에 들어가서부터 성적이 잘 나오지 않았다. 엄마는 이대로는 안 되겠다며 악기나 미술을 빨리 배워야 한다고 들볶았는데, 그 학생은 얼결에 미술을 공부하겠다고 대답했다. 그때부터 미술학원에 다니기 시작해 우리 대학의 조형대에 들어왔다. 그녀는 자신의 생육사 리포트에 이렇게 써놓았다.

"나는 가끔 엄마가 미술을 시키지 않았다면 법대에 들어가서 법학 공부를 하고 있을지 모른다는 생각을 한다. 그럴 때마다 왜 그렇게 내 진로결정을 서둘렀는지 엄마에게 묻고 싶어진다."

그 학생은 꼭 엄마를 원망하는 것은 아니지만, 결정이 너무 조급했던 것에 대해서 아쉬움을 표하고 있다.

부모는 아이들이 자기 인생을 스스로 찾아서 만들고 이루어나가게 해야 한다. 그 기회를 만들어주는 것이 진정한 부모의 역할이다. 그리고 절대 그것을 막지 말아야 한다. 그래야 아이가 커서 후회하는 일을 줄일 수 있다.

영국 웨일스 지방에 있는 피넌가루 언덕은 원래 높이가 984피트여서 산으로 판정받지 못했는데, 이후 마을 사람들이 흙을 지고 날라 산꼭대기에 부어서 높이를 1,000피트까지 만들어 피넌가루 산으로 판정받았다고 한다. 그 사람들의 노력 자체는 대단하고 놀라운 일임에 분명하지만, 부모가 아이를 키우는 방법으로는 절대 바람직하지 않다.

바지에 몰래 똥 싸는 아이,
어떻게 해야 할까요?

대소변 가리기를 일찌감치 시작한 엄마가 있었다. 그런데 다섯 살이 되도록 아이가 몰래 바지에 똥을 싸고 숨기는 버릇이 있다고 상담을 왔다. 엄마는 아이가 두 살쯤에 벌어진 일이 그 원인을 제공했는지 모르겠다고 말했다.

어느 날 아이가 똥을 싼 채로 걸어 다니다가 바지 밑으로 똥 덩어리가 떨어지는 일이 있었다. 엄마는 방바닥에 떨어진 똥을 치우면서 무심코 "아휴, 더러워"라고 말했고, 다시 그러지 말라고 엉덩이를 몇 대 때려줬다. 그 후부터 아이는 한적한 곳에 가서 바지에 몰래 똥을 쌌고, 냄새가 진동해서 알아차릴 때까지 똥 싼 바지를 그대로 입고 다녔다.

"너무 예쁜 똥이구나"

일반적으로 만 3세가 지나면 아이들은 대소변을 가린다. 너무 서둘러서 하는 경우에 늦게까지 실수를 하기도 하는데, 이때 심하게 야단쳐서는 안 된다. 간혹 아이의 똥을 닦아줄 때 더럽고 냄새난다고 말하는 엄마가 있는데, 그 말을 들은 아이는 똥을 만들어내는 자기 몸도 더럽고 냄새난다고 생각해 몰래 똥을 싸는 경우가 있다. 앞서의 엄마가 똥을 더럽다고 표현하면서 아이의 엉덩이를 때린 것은 크게 잘못한 일이다. 아이가 실수했을 때는 신속히 뒤처리를 해주어야 하는데, 더럽다는 둥, 냄새가 지독하다는 둥, 왜 똥을 싸고 뭉개고 앉아있었느냐 둥 비난하는 말을 해서는 안 된다. 그런 경우 심하면 아이가 숨어서 똥을 싼다든지, 싸고 나서 큰 잘못을 한 것처럼 운다든지, 내 똥이 아니라고 부정하는 것 같은 이상행동을 보일 수 있다. 아이들의 배변 가리기는 자의식이 생기는 중요한 의미를 가진다. 따라서 아이가 아직 준비되지 않았는데 억지로 시작을 한다든지, 아무런 계획 없이 배변 훈련에 들어가는 것은 옳지 않다.

배변 습관을 잘 들이고 싶다면 어릴 적부터 아이가 똥을 싸고 나면 "아주 예쁜 똥이구나", "오늘 똥은 황금색에 모양도 예쁜데"라고 칭찬을 해주자. 그러면 아이는 배변도 잘하지만 변 보는 일에 대해 부끄럽게 생각하지 않고, 배변을 했을 때는 똥을 쌌다고 와서 말한다. 그러다가 어느 순간부터는 엄마에게 배변 신호를 보이면서 대소변을 가리게 된다.

아이들 중에는 변기 자체를 두려워하는 경우도 있고, 배변 후 물 내려가는 소리에 자기도 변기 물에 휩쓸려갈까 봐 무서워하는 경우도 있다. 엄마는 아이들의 이런 복잡한 심리를 알고 있어야 한다. 그걸 모르면 강압적으로 배변 가리기를 시작해 아이의 스트레스를 유발시킬 수 있다. 배변 가리는 시기에 극도의 스트레스를 받은 아이들은 반항적인 성격이 형성되기도 하고, 변비를 앓기도 한다.

배변조절능력은 세상을 대처하는 능력

배변조절능력은 아이에게 있어 세상에 대처하는 능력의 첫걸음이라 할 수 있다. 그동안은 주어진 상황에 수동적으로 만족하던 생활에서 한걸음 나아가 적극적으로 스스로 고통을 피하고 즐거움을 찾아내게 된 것이다. 엄마가 시간에 맞춰 음식을 주면 그대로 받아먹던 아이가 스스로 선택해서 먹게 되고, 배변활동에서도 장운동을 느끼고 그 신호에 따라 장을 비우는 일까지 스스로 하게 되었다는 것은 대단한 자부심을 가질 일이다. 아이는 스스로 엄청난 과제를 수행하게 된 것이다. 그만큼 스스로 먹고 항문의 괄약근(늘음치근)을 조절하여 배설하는 것은 아이에게 무척 의미심장한 일이다. 따라서 이 시기의 대소변 가리기는 매우 중요한 과제이므로 너무 일찍 서둘거나, 방치하다시피 늦게까지 내버려두는 것은 두 가지 형태의 항문적 고착성격이 된다. 하나는 인색하거나 강박적이거나 지나치게 청결한 성격을 가지는 항문보류성 고착성격이고, 다른 하나는 폭력적이거나 권위에 반항한다든지 무법성의 성격을 가지는 항문배설성 고착성격이다. 물론 이것들은 대소변 가리기를 자연스럽게 겪어낸 아이들은 상관없다. 이런 성격은 대소변 가리기의 적절한 시기를 놓친 경우에 생기는데, 거의 성인기에 나타나며 어린 시절을 역추적하여 알아볼 수 있다.

여자 몸을 실제로 보고 싶다는 아이,
어떻게 해야 할까요?

유학시절에 토요 한글학교 교사를 할 때의 일이다. 10학년(우리나라에서는 고등학교 1학년) 남학생의 엄마가 상담을 청해왔다. 미국 공립학교를 다니고 있는 아이는 성적은 늘 상위권이었고, 한글학교도 다니고 있어 이중언어를 사용하는 등 촉망받는 이민 2세였다. 아이의 엄마는 같은 한글학교의 교사였다.

어느 날 아이가 엄마에게 할 말이 있다고 말했다. 학교에 한 친구가 플레이보이 잡지를 가져와서 반 아이들이 모두 돌려봤는데, 그날 이후 여자의 진짜 알몸을 제대로 봤으면 좋겠다는 생각이 자꾸 든다는 것이다. 그 말을 들은 엄마는 아들보다 더 깊은 고민에 빠졌다. 그 호기심이 잘못된 방향으로 가지 않을까, 공부를 게을리하지 않을까 걱정이 됐던 것이다. 나도 그 이야기를 들으면서 답이 궁색해 여기저기 묻고 다녔다.

간접경험으로 성적 판타지를 깨다

그때 나는 아이에게 여자 몸의 구석구석이 잘 드러난 사진이나 그림도감을 보여주라고 조언했다. 그러나 그것은 큰 도움이 되지 않았다. 나는 일단 상담을 포기하고, 성교육 전문가를 열심히 소개해줬다. 얼마 뒤에, 그 엄마를 만나 해결과정을 듣게 되었다.

여러 전문가의 자문을 듣고 한 가지 방법을 실행했단다. 원래 이 엄마는 샤워를 하면 옷을 다 입고 거실로 나오는 사람인데, 아들을 욕실로 불러 브래지어를 채워달라고 부탁을 했다는 것이다. "팔이 안 닿아서"라는 핑계를 댔지만 사실 엄마는 전문가들에게 들은 조언을 실행한 것이었다. 처음에 아들은 왜 자신에게 이런 귀찮은 일을 시키느냐는 불만 가득한 표정이었지만, 엄마의 어깨너머로 가슴의 반 정도를 보게 되었다. 그리고 2주일쯤 지나 엄마는 한 번 더 부탁하면서 슬쩍 자신의 알몸을 보게 했다. 그런 일을 세 번 정도 반복했는데, 놀랍게도 그 뒤로는 여자 알몸에 대한 얘기를 하지 않게 되었다. 마치 큰 홍역이라도 치른 듯 말하던 그 엄마의 표정이 생생하다. 이 아이는 간접경험으로 성적 판타지를 깬 경우이다.

미국에서는 6명 중 1명이 성병환자여서 성교육을 네 살 때부터 체계적으로 하고 있다는 사실도 그때 알게 되었다. 또 점진적으로 늘고 있는 AIDS 환자들 때문에 성교육에 매우 열심이었다.

내가 유학시절, 아들은 초등학교 4학년이었다. 학교에 갔다 오면 아들과 나는 짧은 시간이라도 이야기를 나누었다. 나는 아이의 학교생활도 궁금했지만, 그것보다 소수민족으로 무시당하는 건 아닌지 점검하려는 마음이 컸다. 그때 아들에게 들었던 이야기 중에서 깜짝 놀란 일이 몇 가지 있다.

그중에 하나가 학교에서 콘돔을 나눠주고 바나나에 끼워보게 했다는 것이었다. 당시에 미국에서는 안전한 성생활을 위한 피임법을 강조하는 성교육이 이루어지고 있었다. 우리나라에서는 교육을 시키는 선생님도 교육을 받는 학생들도 모두 어색한 표정으로 성교육 강의를 듣고, 다 끝나면 학생들에게 순결캔디를 먹게 하는 학교도 있는 시절이었다. 요즘 미국에서는 성교육의 내용이 안전한 성Safe Sex에서 절제하는 성Save Sex으로 바뀌었다. 성교육에서 안전은 기본이고, 헤프게 낭비하기보다는 절제하도록 가르치겠다는 취지로 보인다.

난감한 문제일수록 부모가 현명하게 대처하자

얼마 전 강연 뒤에 성과 관련된 상담을 받았다. 초등학교 2학년에 다니는 아들이 요즘 눈에 띄게 엄마를 끌어안고 엄마의 허벅지 밑으로 자신의 성기를 비빈다는 것이다. 너무 민망해서 "너 왜 그래?"라고 묻기도 하는데,

그런 말을 안 하면 자꾸 하려고 들어서 주말에 아들하고 같이 지내기가 불편하고 난감할 정도라고 했다.

사실 아이들의 자위는 여러 형태로 이루어진다. 그러나 아이들이 하는 자위와 어른의 자위는 조금 차이가 있다. 물론, 둘 다 스스로 위로하는 일이기 때문에 문제시하는 것은 옳지 않은 태도다. 아이들의 경우는 생활이 너무 단조롭다든지, 재미가 없을 때, 우연히 자기 손으로 성기를 스쳐지나가면서 얻게 된 묘한 쾌감을 즐기게 될 때가 있다. 그 행위에서 몸의 긴장이 풀리고 편안함을 경험한 아이는 그것이 자위라는 것도 모른 채 그 일을 반복적으로 하게 된다. 대부분의 아이들이 잠들기 전에 환상에 빠지고 자위를 하면서 본능에 따르는 시간을 갖는 것은 그러한 이유 때문이다. 특히, 낮에 힘든 일이 있었거나 심한 자극을 받았을 때, 주위환경으로 인해 지나치게 긴장했을 때 환상의 세계로 돌아가 편안함을 찾는다.

한 아이는 거실 소파의 모퉁이에 성기를 문지르는 행위를 했는데, 엄마가 그걸 보고 놀라 크게 혼내면서 못하게 했다. 그랬더니 아이는 그 뒤부터 안 보는 데서 은밀하게 하게 되었다. 이렇게 지도를 잘못하면 아이는 성에 대한 이중 잣대를 갖게 될 수 있다. 여기서 '이중'이라는 의미는 자위는 참으로 위안을 주는 행위지만 옳지 못한 행위이므로 숨어서 해야 된다고 인식하게 되는 것을 말한다. 따라서 아이에게 무안을 주고 망신을 주는 대신에 다른 적극적인 손놀이 활동이나 신체활동을 통해 그 에너지를 다른 에너지로 몰고 가는 것이 바람직하다.

실제로 만 3세가 지나면 여자아이들은 남자 성기를 갖고자 하는 심리가 잠시 생기다가 없어진다. 이 시기에 팬티 속에 테니스공을 넣고 치마를 입고 다니다가 선생님에게 들키면 서슴없이 고추(남자의 성기)라고 얘기하는 아이도 있다. 어떤 여자아이는 앉아서 소변을 보다가 어느 순간부터 서서 소변을 보면서 옷을 적시기도 한다. 왜 그러냐고 물으면 "이렇게 서서 오줌을 싸면 고추가 생긴대요"라고 얘기한다. 한편, 남자아이들은 남자 성기가 없는 여자아이들을 보면 그 아이들에게 무슨 일이 생기지 않을까 걱정한다고 한다. 아이들은 이런 혼란의 시기를 초등학교에 들어가기 전까지 잠시 동안 겪는다. 남녀의 성이 바뀔 수도 있다고 생각하다가 초등학교에 들어가서부터 여자는 영원히 여자로 살아야 하고 남자는 영원히 남자로 살아야 한다는 성정체감이 생기게 된다.

상담에서 만난 한 엄마는 아들이 자위하는 것을 알게 된 날 남편에게 넌지시 말을 했다고 한다. 며칠 뒤에 아버지는 "평생 해야 할 자위인데 두루마리 휴지보다 향기 나는 티슈가 더 좋단다"라고 충고하며 중학생 아들 방에 고급 티슈를 넣어주었다고 한다. 부모가 지혜롭게 대처한 경우이다. 이처럼 성에 관해서는 같은 성의 부모가 가르치면 쉽고 자연스럽게 넘어가는 경향이 있다. 알고도 모르는 척 넘어가면서 한두 개 정보만 주는 그런 지혜도 필요하다.

그런가 하면 아주 끔찍한 사고로 이어진 경우도 있다. 고등학교 1학년인 아들이 방에서 자위하는 것을 우연히 보게 된 엄마는 모범생이었던 아들에게 용납할 수 없는 일이라고 생각해 다음날 아들이 학교에 간 사이에 방문을 유리문으로 바꿔 달았다. 그 다음날 아들은 자살하고 말았다. 모두 성에

무지한 엄마 때문이다. 자신의 행동을 엄마가 알았다는 수치심을 이겨내지 못하고 목숨을 끊어버린 것이다. 너무 극단적인 얘기여서 현실성이 떨어진 다고 생각하는 사람이 있을 텐데, 모두 사실이다. 이런 이야기일수록 자식 키우는 부모들은 절대 흘려들어서는 안 된다.

갑작스레 욕을 하는 아이,
어떻게 해야 할까요?

어린이집이나 놀이터에서 놀다 온 아이가 난데없이 하지 않던 욕을 하는 경우가 종종 있다. 깜짝 놀라 그런 말 하지 말라고 하면 오히려 더 심해지기도 한다. 아이가 갑작스레 욕을 하기 시작했을 때 어떻게 하는 게 좋을까?

따라 하는 것이거나 혹은 부모의 관심을 받고 싶어서

대개의 아이들은 어디선가 분명히 들어본 적이 있는 것을 그대로 모방한다. 그래서 욕을 따라 할 때도 뜻을 모르고 하는 게 다반사다. 특히 아이들은 즐겨보는 TV 프로그램이나 할아버지 할머니, 동네 어른들이 쓰는 말을 그대로 따라 할 때가 많다.

이럴 때 부모들은 눈물이 쏙 빠질 정도로 야단을 치거나 희한하다고 반응할 때가 많다. 그런데 아이들에게는 둘 다 바람직하지 않은 반응이다. 엄마가 깜짝 놀라는 모습을 본 아이는 욕을 하면 엄마의 관심을 받을 수 있다고 생각할 수 있다. 때문에 아이가 안 하던 욕을 갑자기 하면 무시하는 게 가장 좋다. 그래도 반복적으로 욕을 한다면 "엄마는 그런 말 하는 사람과 말할 수 없어"라고 분명하게 지적해야 한다. 그건 좋은 말이 아니니까 대신 이렇게 말해볼까 식으로 좋은 표현을 가르쳐주는 기회로 만들어도 좋다.

가르쳐도 계속 욕을 하는 아이라면 아이와 한 가지 약속을 하자.

"앞으로 그런 말을 할 때마다 스티커를 붙일 거야. 3개가 모이면 그날은 TV를 볼 수 없는 거야. 알았지?"

그리고 정말로 스티커가 3개가 모인다면 그날은 TV를 보여주지 말아야 한다.

한편, 아이가 정말로 화가 많이 났는데 그것을 달리 표현하지 못해서 욕을 하는 경우가 있다. 그런 경우라면 욕을 하는 대신에 종을 치게 하거나, 작은 북을 치게 하거나, 큰 곰인형을 줘서 맘껏 때리게 하거나, 신문지를 주어 찢으면서 화를 풀게 하자. 드문 상황이긴 하지만, 이런 표현법을 쓸 수 없을 만큼 힘들어한다면 복식호흡을 가르치자. 화가 많이 날 때는 천천히 들숨을 들이키고 더 천천히 날숨을 내쉬도록 연습을 시키는 것이다. 평소에 가족이 함께 모여 연습하면 더욱 좋은데, 꾸준히 실천하다 보면 욕하는 횟수가 급격하게 줄어들 것이다.

만약에 이렇게까지 지도해도 욕을 계속 쓴다면, 요즘 아이가 즐겨보는 TV 프로그램이나 만화책에 욕이 나오는지를 점검하자. 아울러 엄마 아빠가 부부싸움을 할 때나 부모가 아이들을 야단칠 때 욱 하는 감정에 생각 없이 튀어나오는 건 아닌지도 살펴야 한다.

그밖에도 아이의 전반적인 생활환경이 달라지면서 스트레스를 받고 있는 것은 아닌지도 점검해야 한다. 가령, 해야 할 숙제가 과도하게 많아졌는지, 친구들에게 따돌림을 당해 속을 태우고 있는지, 누군가와 비교대상이 되면서 갈등관계에 있는지를 살피면 된다.

"대체 부모가 어떻게 키웠기에 애가 저 모양이야"

아이들이 하는 욕을 가볍게 방치하거나 지도해야 할 제때를 놓치게 되면 어느새 아이의 습관이 되고 만다. 한 사람의 말은 그 사람의 인격이라는 말이 있다. 요즘 아이들의 욕문화는 사회문제가 될 만큼 심각한 상황이다. 초등학교 선생님이 일기장 검사를 하는데 문장마다 욕이 튀어나와서 도저히 읽을 수가 없었다는 말을 들은 적이 있다. 우리는 욕하는 아이를 보면 이런 얘기를 주고받는다.

"대체 부모가 어떻게 키웠기에 애가 저 모양이야!"

그런데 아이들의 욕 문제는 시기적으로 얼마나 빨리 혹은 늦게 벌어지느

냐의 차이일 뿐, 모든 부모들이 겪게 될 고민이고 숙제다. 단순히 문제아나 옆집 아이의 문제가 아니라는 말이다.

아이가 처음으로 욕을 하는 시기를 보면 빠른 아이들은 다섯 살 정도부터 시작한다. 여섯 살이 되면 욕을 일종의 '새로운 세상'으로 받아들이면서 죄의식 없이 쓰기도 한다. 욕하는 아이들을 세심하게 관찰해보면 자기표현이 서툴거나 친구와 싸울 때나 자기감정을 이기지 못하는 상황에서 욕을 사용한다. 어른에게 "나쁜 새끼"라고 말하는 아이가 그것이 잘못된 행동이라는 것을 못 느낀다면 이때는 오히려 조금만 신경 쓰면 고칠 수 있다.

어떤 엄마에게서 들은 이야기다. 아이들이 아주 어릴 때였는데, 마트에 가기 위해 아들 둘을 뒤에 태우고 차를 운전하다가 벌어진 일이었다. 한참 달리는데 갑자기 골목에서 자전거가 튀어나와 급브레이크를 밟았고, 그때 입에서 튀어나온 한마디가 "미친 놈"이었다. 그 일이 있은 뒤부터 두 아들은 차에 타고 있을 때 자전거만 나타나면 "미친 놈"을 합창하기 시작했다. 기가 막히기도 하고 창피하기도 해서 빨리 고쳐줘야겠다 싶어 아이들에게 그 말은 그런 의미가 아니라고 설명해도 아무 소용이 없었다. 엄마가 너무 놀라서 실수로 튀어나온 말이라고 변명도 해보고, 잘못했다고도 해봤지만 나아지지 않았다. 실수로 튀어나온 엄마의 욕이 아이들의 뇌리에 깊이 박혀버린 것이다.

이런 일은 흔하게 있을 수 있는 일이다. 부모가 불쑥 욕을 쓸 때는 누군가에게 크게 화가 났을 때, 아이들을 야단치면서 윽박지를 때, 운전 중에 짜증을 낼 때, 정치 뉴스를 볼 때 등이다. 아이들은 그 상황과 거친 어감을 그대로 기억했다가 그 비슷한 상황에서 여지없이 사용한다. 그런 면에서는 똑똑하기가 타의 추종을 불허할 정도다. 올바른 부모 밑에서 올바른 아이들이 자라기 마련이다. 아이들은 부모를 그대로 모델링한다는 것을 유념하기 바란다.

2부

어딜 가도
꼭 묻는
선생님들의
질문

2부는 어린이집이나 유치원의 선생님, 원장님들이 자주 물어오는 상담 내용을 가지고 구성하였다. 선생님들이 아이의 문제행동을 고민하고 해결법을 궁금해하는 '우리 아이, 왜 그럴까요?', 아이의 문제행동에 대한 전문가의 원인 진단과 구체적인 해결방법을 담은 '알고 나면 보여요!', 아이의 문제행동이 나타났을 때 부모가 가장 많이 신경 쓰고 노력해야 할 것을 짚어주는 '이것만은 꼭 기억해요!'로 구성되어 있다.

4장

이유 없이 화내는 아이는 없다

매를 맞으면서 자란 아이는 부모로부터 공격성을 배운다. 부모들은 올바른 가르침을 위해 매를 들었기 때문에 아이들의 잘못된 행동이 고쳐질 것이라 믿는다. 그러나 부모가 없는 곳에서는 계속해서 그런 행동을 할 가능성이 높고, 오히려 아이에게 공격성만 가르칠 뿐 행동개선의 효과는 거의 없다.

거칠고 공격적인 아이,
어떻게 해야 할까요?

우리 아이, 왜 그럴까요?

생후 9개월 때부터 어린이집에 다닌 민준이는 이제 18개월이 넘었다. 민준이 엄마는 아침에 아이를 이불에 돌돌 말아 안고 어린이집에 오는데, 헤어질 때마다 울고불고 매달려서 매일 아침마다 전쟁을 치른다. 엄마는 퇴근하면서 과자 사오겠다는 말로 달랠 때도 있고, 슬그머니 도망치듯 가버릴 때도 있다. 아이는 문 앞에서 한참을 서럽게 울다가 선생님이 달래면 조금씩 잦아든다.

민준이는 같은 개월 수의 아이들에 비해 발달이 빠른 편인데, 활동적이고 힘도 아주 세고 말도 썩 잘한다. 책을 좋아해서 서너 권씩 가져와서 선생님한테 읽어달라고도 한다.

발달은 빠르지만 친구들을 때려요

민준이는 3세반 형들과 어울려 노는 것을 좋아한다. 하지만 잘 놀다가도 자신이 올라서 있는 미끄럼틀 위로 형들이 올라오면 발로 차서 못 올라오게 한다. 특히 가장 좋아하는 자동차를 타고 놀 때는 다른 친구는 손도 못 대게 한다. 종종 친구를 밀치거나 물기도 하는데, 놀고 있는 장난감을 친구가 뺏으면 상처가 날 만큼 아주 세게 문다.

선생님이 꾸지람을 하면 바닥에 드러누워서 데굴데굴 구르며 운다. 달래면 한참 동안 떼를 쓰고, 크게 관심을 보이지 않으면 금세 울음을 멈추고 선생님 품에 안기며 어리광을 부린다.

선생님의 눈을 피해서 돌도 안 된 아기들을 때리기도 한다. 처음에는 그 사실을 몰랐는데, 어느 날부터 한 아기가 민준이가 다가오면 기겁을 하고 울었다. 이상하게 여긴 선생님이 민준이의 행동을 유심히 살폈다. 그랬더니 예뻐하는 척하다가도 선생님이 다른 일을 할라치면 아기 눈을 찌르거나 머리카락을 잡아당겼다.

그 일을 이야기하자, 민준이 엄마는 대수롭지 않다는 듯이 말했다.

"우리 민준이는 예쁘다는 표현을 그렇게 해요."

생활습관이 부족해요

　민준이는 편식이 심한 편이다. 밥에 김만 싸먹으려 하고, 좋아하지 않는 음식을 입에 넣어주면 바로 뱉어내버린다. 아이의 편식 문제로 엄마와 이야기를 나눈 적이 있는데, 아이가 과자나 라면 같은 인스턴트식품을 자주 먹는다는 사실을 알게 되었다. 선생님들의 노력으로 편식 습관은 많이 좋아져서 요즘은 채소나 과일, 김치도 조금씩 먹기 시작했다.

　낮잠시간에도 민준이는 좀처럼 잠들지 못하고 심하게 운다. 조명을 낮추고, 선생님이 30분 정도 등을 토닥여줘야 겨우 잠이 들 정도다. 그러나 30분도 안 돼서 깨어나 주위를 살핀다. 곁에 좋아하는 선생님이 있으면 곧 다시 잠이 들지만, 그렇지 않으면 소리 내어 엉엉 운다. 아이는 집에서도 자다가 깨서 엄마가 곁에 있는지 없는지를 확인한 후에 다시 잠든다고 했다.

오후가 되면 엄마를 찾으면서 울어요

　오후가 되면 민준이의 말썽이 심해지고 친구를 때리는 일도 잦아진다. 친구들과 재미있게 놀다가도 느닷없이 물거나 머리카락을 잡아당겨서 소란을 피운다. 친구들이 엄마와 함께 하나둘씩 집에 가기 시작하면, 민준이는 문 입구의 안전 바에 매달려 "엄마!" 하고 울음보를 터뜨린다. 그래서 선생님은 민준이가 친구들이 집에 가는 것을 모르게 하려고 무척이나 애를 쓴다.

저녁때가 되면 민준이의 공격적인 행동은 더욱 심해진다. 아무 이유 없이 친구들을 때리고, 밥을 먹다가 식판을 밀쳐서 바닥으로 떨어뜨릴 때도 있다.

저녁 7시 반쯤 되면 엄마가 오는데, 아직 모유를 먹기 때문에 "엄마, 찌찌" 하며 엄마 가슴에 손을 넣기도 한다.

집으로 돌아간 뒤에 아이의 몸에서 작은 상처나 긁힌 자국이 발견될 때면 밤에도 선생님에게 전화를 걸어 왜 그런지를 꼬치꼬치 묻는다. 간혹 선생님이 아이의 상처에 대해 모르고 있을 때는 몹시 불쾌해하고 비난조의 말을 해서 당혹스러울 때가 있다.

엄마의 우울증, 문제가 크다

어린이집 입학상담을 왔을 때 민준이 엄마는 자신이 우울증을 앓고 있다고 이야기했다.

"민준이를 임신했을 때 친정엄마가 돌아가셔서 우울증이 생겼어요. 계속 집에 있으면 우울증이 심해질 것 같아서 취업을 했어요."

민준이의 형 민석이도 같은 어린이집에 다녔다. 민석이 역시 행동이 크게 다르지 않아서 선생님들이 애를 많이 먹었다. 아이들은 둘 다 일단 마음에 들지 않으면 떼를 쓰며 우는 공통점이 있었다. 그럴 때 집에서는 어떻게 지도하는지 묻자 엄마는 매를 든다고 했다. 또, 아빠가 아이들과 잘 놀아주지 않는다고 말하면서 무척 속상하고 힘들다고 했다. 두 남자아이를 돌보는 일은 오롯이 엄마의 몫이었다. 직장생활을 하면서 엄마의 표정은 밝아졌지만 민준이의 행동은 점점 더 난폭해지고 있다.

알고 나면 답이 보여요!

민준이는 아침 일찍 등원해서 저녁에 엄마가 데리러 올 때까지 엄마를 기다리는 아이다. 아이의 하루는 그야말로 기나긴 기다림의 여정이다. 어른들은 대충 놀다 보면 지나가는 시간이라고 생각할 수 있지만, 아이들에게는 대단히 긴 시간이라는 것을 알아야 한다.

공격성은 아이의 분노나 슬픔이에요

어린이집에서 지내는 민준이의 일과를 살펴보면 발달상에는 큰 문제가 없어 보인다. 편식은 선생님의 노력으로 서서히 좋아지고 있고, 낮잠시간에 보이는 모습은 다른 아이들에 비하면 조금 예민한 편이지만 차차 좋아질 것으로 보인다. 단, 놀이시간에 다소 심각한 공격성을 보이는 것이 걱정스럽다.

특히 오후시간과 귀가시간에 공격적인 행동이 심해지는데 그것은 민준이의 분노와 슬픔이 밖으로 표출된 것이라 할 수 있다. 엄마를 찾으면서 운다거나 별 이유 없이 친구를 때리거나 밀치는 행동이 그 예이다.

맞벌이 부부의 경우, 할머니나 친척 어른이 아이를 맡아주지 않으면 민준이처럼 아주 어렸을 때부터 어린이집에 보낼 수밖에 없다. 대부분의 시간을 남의 손에 맡기게 되면 엄마들은 아이의 행동을 제재하려 할 때 공포심을 유발하기 위해 매를 사용하는 횟수가 많아진다. 민준이의 거칠고 공격적인 행동이 여기에서 비롯되었다고 생각한다. 그렇다면 아이의 공격적인 행동을 고쳐주려면 어떻게 해야 할까?

매는 아이를 더 거칠게 만든다

결론부터 말하자면 매를 통해서는 아이의 행동을 바르게 고치기 힘들다. 매를 맞고 자란 아이는 오히려 공격성을 배우고, 성품만 거칠어진다.

양육할 때 부모가 매를 사용하지 않은 경우보다 사용한 경우에 아이들의 성향이 더 거칠다는 연구결과가 있다. 더 중요한 사실은 매를 맞으면서 자란 아이가 부모로부터 공격성을 배운다는 점이다. 부모들은 올바른 가르침을 위해 매를 들었기 때문에 아이들의 잘못된 행동이 고쳐질 것이라고 믿는다. 그러나 사실은 그렇지 않다. 부모가 없는 곳에서는 계속해서 그런 행동을 할 가능성이 높고, 오히려 아이에게 공격성만 가르칠 뿐 행동개선의 효과는 거의 없다.

'체벌 없는 교육'의 선구자로 불리는 존 로크는 부모로부터 늘 체벌을 당하는 아이들은 노예적 기질을 갖게 되므로, 체벌 대신에 차라리 '차가운 시선'을 훈육에 이용하라고 강조했다. 단, 아이가 차가운 시선의 의미를 알게 하기 위해서는 평소 따뜻한 시선으로 자녀와 상호작용을 하면서 공감(라포) 형성을 해두어야 한다. 그래야만 차가운 시선이 교육적 효과를 거둘 수 있다. 다시 말하면, 자녀와의 공감 형성이 잘 되어 있는 경우에는 부모의 시선이 차갑고 냉랭해지면 아이는 부모로부터 애정과 사랑을 잃을 것 같은 두려운 생각에 스스로 행동수정을 하게 되어 교육적인 효과를 거두게 된다.

체벌로는 훈육의 효과를 기대할 수 없기 때문에 끊임없는 대화를 통해 아이를 양육해야 한다. 아이의 눈높이에 맞추어서 설명하고, 아이 스스로 행동을 바꿀 때까지 끈기 있게 대화로 설득해나가야 한다. 그 과정이 힘들다고 매를 들게 되면, 심각한 경우 아동학대로 이어질 수 있다.

세상에 부모 연습을 미리 해보고 부모가 되는 사람은 없다. 따라서 모든 부모들이 처음에는 시행착오를 겪으면서 하나씩 배워간다. 아이를 키우면서 모르는 것은 공부하고, 배운 것은 실천하면서 부모도 자라는 것이다. 또한, 아이의 행동이 바뀌기를 바란다면 부모 자신부터 변해야 한다.

아이에게는 감정을 해소시킬 수 있는 활동이 필요해요

어린이집에서 하루 종일 엄마를 그리워하며 지내는 민준이에게 가장 필요한 것은 엄마 품에 대한 갈망을 충족시킬 만큼의 엄마와의 충분한 놀이시간이다. 특히 스킨십을 하면서 온몸이 땀에 젖을 때까지 몸으로 노는 놀이를 추천하고 싶다. 그렇게 1시간가량 놀고 나면 엄마 품을 그리워했던 마음이 서서히 해소되고, 아이의 거칠고 공격적인 감정도 누그러진다.

상담을 하면서 이런 이야기를 하면 "저녁 준비할 시간도 빠듯한데, 그럴 시간이 어딨어요?"라고 묻는 엄마들이 상당히 많다. 아이에게는 배를 채워주는 밥보다 엄마의 따뜻한 사랑이 훨씬 더 중요하다. 아이의 배고픈 배보다 공허한 마음을 먼저 채워주어야 한다는 말이다. 아이에게 식사를 챙겨주는 일이 하찮다는 말이 아니다. 아이의 허한 마음을 헤아리고 채워주는 일이 훨씬 더 중요하다고 말하는 것이다.

요즘 아이들은 신체적으로는 제 나이와 개월 수에 맞게 성장하지만, 마음과 정신 건강이 그렇지 못한 경우가 많다. 그만큼 부모의 애정결핍으로 마음의 상처를 안고 사는 아이들이 많다. 이럴 때 아이와 좀 더 친밀해지고 상처 입은 마음을 달래줄 수 있는 방법으로 놀이만큼 좋은 것이 없다. 그렇다면 아이와 어떤 놀이를 어떻게 하면 좋을까?

'아이하고 무슨 놀이를 하지?'를 고민하는 부모들에게 간단한 신문지 놀이를 추천해주고 싶다. 신문지를 준비해서 식구들이 거실에 모여 앉는다. 다 같이 신문지를 위에서 아래로 찢으면서 이등분하고, 다시 겹쳐서 이등분하기를 계속한다. 그렇게 신문지를 찢어서 한가운데 쌓아 가면 된다. 신문지를 찢다 보면 아이고 어른이고 마음에 응어리진 것이 풀리고, 쾌감을 느끼게 된다. 하루는 신문지 찢기만 하면서 놀고, 그 다음날에는 그것을 위로 던지면서 신문지를 눈처럼 날려 보자. 그 다음날에는 그 신문지 조각들을 뭉쳐서 작은 공, 큰 공으로 만들자. 그것을 스카치테이프로 붙여서 신문지 공을 만들어 축구를 해보자. 가족 모두가 직접 만든 공이어서 애착도 생기고, 신나는 놀이시간도 갖게 될 것이다.

이렇게 놀이를 하면서 하루 종일 엄마를 그리워했던 아이의 마음을 위로해주고 뻥 뚫린 마음을 메워주다 보면 후에 큰 구멍이 될 것을 미리 막을 수 있게 된다. 아이의 독서통장을 채우는 데 열심인 엄마들이 많은데, 오늘부터는 아이의 정서통장을 마련해서 열심히 채워보자. 정서통장이 채워지는 만큼 아이의 성품이 온순해지고 정서적으로 안정될 것이다.

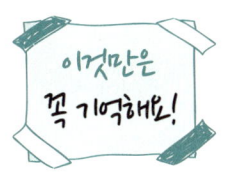

1. 집안 분위기를 바꾸려면 엄마의 노력이 필요하다

민준이네 집의 경우, 엄마가 우울증 치료를 더 적극적으로 받을 필요가 있다. 엄마 마음이 편안하고 즐거워야 아이들에게 더 많은 관심을 기울일 수 있기 때문이다.

엄마가 우울증을 겪고 있으면 자녀들이 정서적으로 밝고 건강하게 자라기 어렵다. 따라서 아이에게 제대로 된 엄마 역할을 하기 위해서라도 자신의 마음을 보살펴야 한다. 스스로 해결하기 벅찬 경우라면 전문가 상담을 통해 적극적인 해결법을 찾아야 한다. 가족의 중심축은 뭐니 뭐니 해도 엄마다. 엄마가 행복해야 아이도 행복하고, 가족이 행복하다는 것을 기억하자.

엄마의 우울증이 치료된 뒤에는 아이들이 어린이집에서 보내는 시간을 줄일 수 있으면 좋겠다. 엄마와 애착형성이 이루어져야 할 시기에 온종일 어린이집에서 지내는 것은 바람직하지 않다. 이 시기에 애착형성이 제대로 이루어지지 않은 아이는 자라서 정서사회적으로 문제를 겪을 가능성이 크다.

2. 아이에게는 엄마, 아빠 둘 다 필요하다

특히 아들 둘을 키울 때는 아빠의 역할과 개입이 더 많이 필요하다.

엄마가 작은아이를 챙길 때 아빠는 큰아이를 챙긴다든가, 아빠가 두 아들과 신체놀이를 해주고 엄마는 차분히 책을 읽어준다든가 하는 식으로 역할을 분담하면 좋다. 일반적으로 아이는 엄마와는 언어놀이, 아빠와는 신체놀이를 통해서 좌뇌와 우뇌를 모두 자극받게 된다. 몸과 마음이 건강하고 똑똑한 아이로 키우기 위해서는 엄마 아빠의 노력이 함께해야 한다는 말이 된다.

언젠가 고서에서 "집 안에서 나와야 하는 소리는 세 가지다. 그것은 책 읽는 소리, 밥 짓는 소리, 웃음소리다"라는 내용을 읽은 기억이 있다. 그런데 집 안에서 이 세 가지 소리가 나오게 하는 일이 그리 녹록한 일은 아니다. 우선 가족 모두가 정신적으로 건강해야 하고, 함께 모여 놀 수 있는 시간과 분위기를 만드는 노력이 필요하다. 또한, 책 읽기를 즐기는 분위기를 만들어야 하고, 화목하게 모여 앉아 밥 먹으면서 이야기꽃을 피울 수 있어야 한다. 유치원생, 초등생도 바쁘다는 말을 입에 달고 사는 시대인지라 이런 집안 분위기를 만들기 위해서는 엄마와 아빠가 한마음 한뜻으로 노력해야 한다.

3. 어린이집에 대한 신뢰가 필요하다

민준이는 하루 대부분의 시간을 어린이집 선생님에게 의지하며 지낸다. 어린이집에서 선생님은 민준이의 엄마 역할을 하고 있는 셈이다. 아이는 선생님에게 칭찬을 받기도 하고, 꾸지람을 들을 때도 있을 것이다. 또한, 선생님을 통해 세상을 배우고 친구들과 어울려 지내면서 남들과 더불어 사는 법도 배운다.

그런데 엄마가 어린이집에서 보내는 시간을 의심과 의혹의 눈길을 보내면서 작은 사건만 터져도 선생님에게 추궁하거나 따지는 듯한 질문을 하는 것은 아이의 어린이집 생활에 절대 바람직하지 않다. 선생님을 존중하지 않는 엄마의 태도는 민준이에게 그대로 전달되어 아이 역시 선생님을 존경하지 않게 될 것이고, 결과적으로 아이는 선생님과 엄마 모두에게 사랑받고 있다는 느낌을 받지 못할 수 있다.

선생님에게 어떤 사건에 대해 이야기를 듣고 싶다면 전화로 확인하기보다는 방문해서 얼굴을 보면서 상담하는 게 좋다. 서로 마주보고 이야기를 나누면 소통이 더 잘 이루어질 뿐만 아니라 오해가 저절로 풀리기도 한다. 어린이집 선생님은 내 아이 하나만 돌보는 사람이 아니다. 여러 아이들을 함께 돌보는 만큼 부모님의 이해와 지지가 필요하다. 여건이 허락된다면 몇 차례 유치원이나 어린이집에 방문해서 아이의 활동을 지켜본 후에 상담을 하면 선생님의 의견을 받아들이는 데도 도움이 될 것이다.

뭐든지 자기 맘대로 하려는 아이,
어떻게 해야 할까요?

우리 아이, 왜 그럴까요?

올해 네 살이 된 서연이는 아직도 유모차를 타고 어린이집에 온다. 놀라운 것은 매일 30분씩 지각을 하는데도 늘 갈래갈래 공들여 땋은 머리에 아동복 모델 같은 차림으로 나타난다는 것이다.

서연이 엄마는 등원시간에 늦어도 절대 서두르는 법이 없다. 어린이집에 도착해서도 서연이가 아직 시리얼을 먹고 있으면 수업 중에 나온 선생님에게 이렇게 말한다.

"시리얼을 아직 다 못 먹었네요. 조금만 기다려 주시겠어요?"

서연이는 또래들보다 언어능력은 뛰어난 편인데, 기본 생활습관은 제대로 갖춰져 있지 않다. 교실에 들어온 아이는 가방도 풀지 않은 채 친구들에게 큰소리로 말을 건다. 선생님이 가방을 먼저 풀어 정리하라고 해도 "선생님! 나 오늘 피곤해요", "우리 엄마는 다 해주는데"라고 자기 할 일을 미룬다.

과자나 스티커로 친구를 사귀려고 해요

서연이는 과자를 나눠주거나 스티커를 사준다며 친구들의 관심을 끌 때가 많다.

"우리 집에 오면 과자 사줄 건데, 우리 집에 놀러올 사람?"

아이들이 너도 나도 가겠다고 나서면 "너는 되고, 너는 안 돼!"라고 편을 가르기 시작한다. 신체활동 시간에 옆자리에 앉으려는 친구에게 "너 여기 앉지 마!"라고 말해서 울리는 일도 많다. 처음에는 친구들에게 인기가 있는 듯 보였지만, 요즘은 서연이와 함께 노는 친구들이 몇 명 안 된다.

하루는 서연이가 울면서 선생님에게 왔다.

"수업 끝나고 선생님 없을 때 은석이가 때렸어요."

선생님은 서연이와 은석이를 한자리에 불러놓고 물었다.

"은석아! 서연이를 때렸니? 왜 때렸어?"

"줄을 서 있는데, 서연이가 먼저 나를 밀어서 넘어뜨렸어요. 그래서 나도 때린 거예요."

그때 갑자기 서연이가 "미안해!"라고 말하면서 은석이를 끌어안았다. 은석이는 얼떨떨한 표정을 지었지만 다시 서연이와 어울려 놀았다. 서연이는 누군가와 다툼이 벌어지면 선생님에게 와서 친구의 잘못만을 이야기한다. 그랬다가 자기가 먼저 밀거나 때렸다는 사실이 밝혀지면 아무렇지 않게 다정하게 굴어서 친구를 당황하게 만든다.

뭐든 자기 뜻대로만 하려고 해요

서연이는 유난히 앵무새와 말을 좋아한다. 그림을 그리거나 만들기 활동을 할 때도 늘 앵무새와 말을 소재로 삼을 정도다. 한 번은 앵무새 50마리를 도화지에 그린 적도 있다. 책도 새에 관한 것만 보는데, 새에 관한 책을 친구가 읽고 있으면 친구 옆에 앉아서 다 읽을 때까지 기다린다. 가끔 다른 친구가 볼 수 없도록 숨겨둘 때도 있다.

언젠가 다음날에 있을 '시장 놀이' 준비를 하고 있을 때의 일이다. 그 준비물 중에 새 그림이 그려진 스티커가 있었는데, 서연이는 당장 그 스티커를 사겠다고 고집을 부렸다. 내일 시장 놀이할 때 사라고 타일렀지만 막무가내였다. 마침 아이를 데리러 온 엄마에게 정황을 이야기했더니, 엄마는 아이 말만 귀담아들었다.

"새 그림이 있는 스티커라 그랬구나. 우리 애가 새를 정말 좋아하거든요."

엄마가 편을 들어주자 서연이는 더 크게 울었고, 결국 아이를 달래기 위해 4장 중에서 2장을 먼저 팔았다. 그러나 서연이는 나머지도 모두 갖겠다며 떼를 썼다. 선생님이 안 된다고 하자, 서연이는 숨이 넘어갈 듯이 울어 댔다. 엄마는 문구점에 가서 사주겠다며 우는 아이를 안고 나갔다. 이튿날 서연이는 10장의 스티커를 가져왔고, 시장 놀이에서 2장의 스티커도 마저 샀다.

평소에 서연이는 "우리 엄마가 사준대요", "우리 아빠가 사줬어요"라는 말을 자주 한다. 선생님에게 "제가 선생님을 좋아하니까 초콜릿 사줄게요"라고 말할 때가 있는데, 그것은 엄마가 뭔가를 사줄 때마다 "엄마가 우리 서연이를 사랑해서 사주는 거야"라는 말을 따라 하는 것이었다.

서연이는 아빠에 관한 이야기를 거의 하지 않는다. 선생님이 아빠에 관해 물어봐도 웃기만 할 뿐 별 대답이 없다. 반면, 엄마 이야기는 묻지 않아도 수시로 한다. 가령, 점심시간에 먹기 싫은 반찬이 나오면 대뜸 "우리 엄마가 먹지 말라고 했어요"라며 엄마 핑계를 댄다.

서연이는 선생님이 도움을 주기 위해 하는 말을 전부 꾸지람으로 듣는 경향이 있다. 가끔은 숨을 제대로 못 쉴 만큼 심하게 울어서 선생님을 당황시키기도 한다.

몹시 바람이 불고 추운 날, 선생님이 서연이의 겉옷 지퍼를 채워줬는데, 그러기 싫다고 떼를 쓰기 시작했다.

"그냥 나가면 감기 걸려. 지퍼 올리고 나가자."

그러나 서연이는 고집을 계속 부렸고, 자기가 원하는 대로 안 되자 울음을 터뜨렸다. 언젠가 서연이 엄마에게 이런 얘기를 했더니 예상치 못했던 대답이 돌아왔다.

"선생님이 너무 큰소리로 얘기해서 그런 것 같아요. 집에서는 아이를 야단치는 일이 거의 없거든요."

어린이집을 세 번이나 옮겼어요

지금 다니는 어린이집은 서연이가 세 번째로 옮긴 어린이집이다. 서연이는 한 어린이집을 1년 이상 다닌 적이 없다. 몇 달 뒤, 다섯 살이 되면 또 다른 어린이집으로 옮길 예정에 있다. 언젠가 서연이 엄마에게 어린이집을 자주 옮기는 이유를 물었더니 이렇게 대답했다.

"서연이가 이곳을 재미없어해요. 우리 애는 인지능력이 뛰어나서 어렵고 모르는 걸 가르쳐줘야 흥미를 느끼고 집중하거든요. 아이가 여기 수업을 좀 지루해하는 것 같아요."

엄마 말마따나 서연이는 매번 더 새롭고 강한 자극에 반응을 보이는데, 그것도 금세 싫증을 내고 다른 새롭고 신기한 것을 찾는다.

대부분의 부모가 그렇듯, 서연이 엄마도 아이가 하고 싶다는 건 무조건 들어주려고 한다. "엄마, 여름 나라에 가고 싶어!"라고 말하자, 며칠 뒤면 방학인데도 다음날 바로 필리핀으로 여행을 떠났을 정도다. 또 "나, 별 보고 싶어!"라고 말하자, 천문대 견학을 떠나기도 했다.

요즘 서연이 엄마의 관심사는 석 달 뒤에 옮겨가게 될 어린이집에 쏠려 있다. 그래서 지금 다니고 있는 어린이집 생활에는 별 관심을 두지 않는다.

알고 나면 답이 보여요!

단적으로 말한다면 서연이 엄마는 과잉보호하는 엄마다. 특히 큰 문제는 어린이집을 계속 옮겨 다니는 것이다. 어린이집을 이미 세 번이나 옮기고, 이제 곧 네 번째로 옮긴다니 엄마가 아이 교육에 지나치게 열성적이거나 유별나 보인다. 어린이집의 일과나 수업을 아이가 지루해한다는 게 이유인데, 이런 생각을 가진 부모라면 엄마가 직접 홈스쿨링을 해야 할 것이다. 이 시기의 아이는 어린이집 한곳에서 잘 적응하면서 즐겁게 하루를 보내는 것도 힘겨울 수 있다. 자주 옮겨 다니면 환경 적응을 잘하는 아이로 자랄 것이라고 생각하겠지만 결과는 그 반대일 가능성이 더 크다.

게다가 등원시간도 잘 지키지 않으면서 선생님에게 아이가 시리얼을 다 먹을 때까지 기다려달라고 요청하는 엄마는 그리 흔하지 않다. 뿐만 아니라 아이가 떼를 쓰거나 심하게 우는 것이 선생님이 큰소리로 얘기해서라고 선생님을 탓하고 있다.

다 받아주면 오히려 독이 된다

모든 것을 아이 중심으로 생각하고, 원하는 것을 다 받아주는 것이 진정 아이를 사랑하는 것이라고 굳게 믿고 있는 엄마가 아닐까 싶다. 그런데 이런 양육태도는 아이에게 독이 되면 되었지, 절대 약이 되지 않는다. 서연이가 친구들과 상호작용하면서 보이는 모습을 보면 그 문제점이 여실히 드러나고 있다. 자기 내키는 대로 아이들을 편 가르기 하고, 저 하고 싶은 대로 되지 않으면 막무가내로 울면서 떼를 쓰는데, 이런 행동은 친구들뿐만 아니라 선생님도 힘들게 만든다.

과잉보호를 받는 아이들은 친구관계에서 어려움을 겪을 가능성이 크다. 서연이처럼 고집도 세고 맘대로 편을 가르는 아이는 나중에 친구들이 놀아주지 않는다.

아이가 원하는 대로 다해주는 것이 부모의 역할이라고 생각하는 엄마들이 많다. 그것을 아이에 대한 사랑이라고 착각하는 것 같다.

자기조절능력과 자기통제능력을 키워줘라

모든 것을 아이 위주로 맞추는 양육방식은 하루 빨리 바꿔야 한다. 우선은 아이에 대한 관심과 사랑은 유지하되, 조금은 무관심한 태도를 취하면서 아이와 적당한 거리를 유지할 필요가 있다. 부모가 자기 뜻을 전부 받아줄 때와 달리 아이는 많은 시행착오를 겪으면서 새로운 경험을 하게 될 것이다. 그 과정을 지켜보면서 아이가 힘들어할 때는 격려와 용기를 주고, 실수했을 때는 재도전할 수 있도록 도와야 한다.

　시행착오 과정을 겪은 아이들은 자기조절능력과 자기통제능력을 기르게 된다. 자기조절능력과 자기통제능력은 두 가지 경험을 통해 얻어진다. 하나는 자연적 귀결을 경험하면서 지혜가 생기는 경우이다. 예컨대, 식사 전에 간식을 먹으면 저녁식사를 맛있게 할 수 없다는 것은 한두 번의 경험을 통해 얻을 수 있다. 아이는 과거의 경험을 교훈삼아 스스로를 조절하고 통제하는 힘을 갖게 된다. 다른 하나는 논리적 귀결을 경험하면서 자기조절능력과 자기통제능력이 생기는 경우이다. 예컨대, 물건을 동생에게 던지지 않기로 약속했는데 던졌다고 치자. 그 벌로 일주일간 아이스크림을 먹지 못하게 했다면 아이는 아이스크림을 먹기 위해서 스스로를 조절하고 통제하게 된다. 이와 같이 아이들은 불편한 경험을 하고 나면 스스로 자기조절능력과 자기통제능력을 발휘해 구체적인 행동반경을 만든다. 따라서 현명한 부모라면 아이 연령에 맞는 규칙을 정해서 스스로 행동의 한계를 깨우쳐가게 도와야 한다.

　식당에 가면 놀이터인지 식당인지 분간이 안 갈 정도로 소란스럽게 뛰어다니는 아이들이 있다. 그 아이들은 식당에서는 자기 자리에 앉아서 조용히 식사해야 한다는 기본예절뿐만 아니라 자기조절능력과 자기통제능력도 기르지 못한 경우이다. 어려서부터 규칙을 정해 그에 맞는 행동을 하도록 가르친 아이들은 커서도 질서를 잘 지키고 자기조절능력이 남다르다.

규칙을 따르고 적응하게 도와줘라

자녀에게 물질적으로 풍족한 환경을 만들어주는 것을 부모의 사랑이라고 믿는 사람들이 있다. 대단히 잘못된 생각이다.

어린이집 선생님들에게 가장 힘든 일이 무엇이냐고 물어보면, 가장 많은 대답이 이런 내용이다.

"아이들을 돌보는 일은 하나도 힘들지 않아요. 정말 힘든 건 자기 아이만 최고라고 하면서 과잉보호하는 엄마들이에요."

그런 엄마들은 선생님에게 이런 부탁을 해온다고 한다.

"우리 딸 소변 누고 나면 뒷물 좀 해주세요. 워낙 깔끔한 아이라서요."

"요즘도 노란 단무지 먹는 곳이 있어요? 우리 아이는 꼭 하얀 단무지로 주세요."

아이들은 엄마의 보살핌을 받고 자라다가 어느 정도의 자립능력이 생기면 어린이집이나 유치원에 다니기 시작하고, 학교에 입학한다. 이때 아이가 교육기관의 규칙을 따르고 적응하도록 도와주는 것은 전적으로 엄마의 역할이다. 잘못된 양육방식을 고집하면서 과잉보호하는 것은 아이가 세상에 나가 적응하는 데 오히려 걸림돌을 만들어줄 뿐이다.

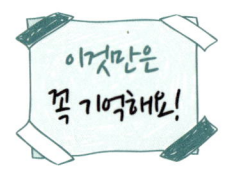

1. 기본 생활습관이 먼저다

부모 상담을 하다 보면 자녀를 똑똑한 아이로 키우고 싶다는 사람들이 많다. 그런데 그보다 중요한 것은 남들과 상호작용을 잘하는 정서사회성이 강한 아이로 키우는 것이다.

네 살인 서연이는 지적인 자극과 집중력을 키우는 것보다 기본 생활습관을 들이는 데 노력해야 할 때다. 예컨대, 어린이집 등원시간에 늦지 않고, 자기 가방은 직접 풀고 정리하는 규칙을 지키게 하는 것이 먼저여야 한다. 친구에게 "너 여기 앉지 마!"라고 말할 때는 그러면 안 된다는 것을 가르쳐야 하고, 친구와 사이좋게 놀고 친하게 지내는 법도 알려줘야 한다.

친구들과 잘 놀고 잘 지내는 것이 최우선 과제인 이유는 어려서 잘 노는 아이가 학교에 가서 그 에너지로 공부도 열심히 하기 때문이다. 놀 때는 열심히 뛰어놀게 해야 한다. 그때 보여주는 집중력이 바로 아이가 공부할 때 발휘하는 집중력이 되기 때문이다.

2. 엄마의 언어습관을 체크하라

"엄마가 우리 서연이를 사랑해서 사주는 거야"라는 엄마의 언어습관을 서연이가 그대로 다른 사람에게 사용하고 있다. 선생님을 좋아하니까 초콜릿을 사주겠다는 말도, 친구들에게 과자나 스티커로 관심몰이를 하고 편 가르기를 하는 것도 다 거기서 비롯된 것이다.

피아제가 말했듯이, 이 시기의 언어모델이 유아기 사고의 특색인 자기중심성에서 출발하기 때문에 그에 따른 사건사고가 많은 것은 자연스러운 일이다. 아이들은 친구들과의 놀이를 통해 차츰 자기중심성에서 벗어나 탈중심화되어 가기 때문에 그 과도기에 있는 서연이의 태도나 행동이 잘못되었다고 할 수는 없다. 그러나 친구들과의 관계가 더 친밀해지면서 탈중심화된 언어를 쓰게 되면 지금보다 더 좋아질 것이다. 한 어린이집에서 아이들과의 관계가 지속적으로 이어지면 탈중심화 과정이 단축될 수 있지만, 어린이집을 계속 옮겨 다니게 되면 그 과정이 늦춰질 가능성이 커진다.

3. 아이 스스로 노력해야 할 여지를 남겨라

고서에 '칠푼 앓이 동자훈'이라는 말이 있다. 부모가 10푼을 가지고 있으면서도 자식에게 7푼만 주고 나머지 3푼은 자식 스스로 노력하여 얻을 수 있도록 여지를 남겨두라는 뜻이다. 아이가 3푼을 채우기 위해 인내하고 노력하는 과정을 지켜보자면 부모로서 가슴앓이를 하게 될 테지만, 오히려 그 과정을 겪게 함으로써 인내심 있는 아이로 키울 수 있다는 교훈이다. 부모라면 한 번쯤 되새겨야 할 말이다. 집안 형편이 넉넉한 편이라도 자식의 인생을 위해 조금 덜 주는 부모가 현명하다. 그것은 독립적이고 자율적인 아이로 키우는 지름길이 될 것이다.

의사소통이 어렵고 폭력적인 아이,
어떻게 해야 할까요?

우리 아이, 왜 그럴까요?

다섯 살인 현우는 또래 아이들에 비해 사용하는 단어가 한정적이고 문장도 단순하다. 뭔가를 얘기할 때는 단어 뒤에 '주세요'라는 말을 꼭 붙인다. 예를 들어 엄마에게 가고 싶을 때는 "엄마 주세요", 아빠가 보고 싶을 때는 "아빠 주세요!" 하는 식이다. 현우는 언어발달이 꽤 늦은 편이다.

현우는 어린이집에 세 살 때부터 다녔는데, 작년까지도 말을 거의 하지 않았다. 올해 들어서야 주위 사람들의 말을 조금씩 따라 하기 시작했다. 말이 늦다 보니 친구들과 의사소통을 하는 데 다소 어려움이 있다. 그래서인지 말로 하지 않고 친구를 밀거나 때리거나 꼬집을 때가 많다.

현우는 한자리에 오래 앉아있는 것을 힘들어하고 이야기에 집중하는 시간이 짧다. 선생님이 이야기를 시작하면 얼마 지나지 않아, 벌렁 드러누워 옆에 있는 친구의 팔을 잡아당기거나 다리를 툭툭 친다. 친구가 "하지 마!"라고 말하면 여지없이 때리거나 꼬집는다.

때리는 아이, 친구들이 피해요

무척 활동적인 현우는 달리기와 기어오르기를 좋아하지만 체육활동 시간에 차례를 기다리는 것을 힘들어한다. 자기 차례가 되면 신나게 참여하지만, 그때가 지나면 이리저리 돌아다니고 바닥에 누워 뒹굴거린다.

현우는 겁이 없고 호기심이 많은 편이며, 행동에 거침이 없다. 자신이 좋아하는 장난감을 친구가 가지고 놀면 잽싸게 달려가 빼앗는다. 친구가 장난감을 돌려달라고 하면 '싫다'는 말 대신 꼬집거나 밀어버린다. 가끔은 장난감으로 친구를 때리기도 한다.

친구들은 폭력적인 현우와 노는 것을 꺼린다. 선생님이 "현우랑 함께 놀아야지!"라고 하면 내키지 않는 얼굴로 겨우 놀이에 끼워준다. 그러나 얼마 못 가 현우는 장난감을 발로 차고 친구들이 애써 맞춘 퍼즐을 마구 흐트려 놓는 등 훼방꾼으로 돌변하고 만다. 결국 같이 놀던 친구들이 화를 내거나 훌쩍훌쩍 우는 일이 벌어진다. 이런 상황이 반복되다 보니, 현우는 친구들과 함께 노는 시간보다 혼자 보내는 시간이 많다. 평소에 현우는 자동차 바퀴를 빙빙 돌리거나 변기 물을 계속 내리면서 관찰하는 등 주로 한 가지 놀이를 반복한다. 수도꼭지를 틀어놓고 흘러나오는 물을 만지작거리며 놀 때도 있다.

혼자서 밥 먹는 데 서툴러요

처음 어린이집에 왔을 때 현우는 밥을 전혀 먹지 않았다. 선생님이 걱정하자, 현우 엄마는 "우리 애가 밥은 싫어하고 국수만 좋아해요. 그래서 밥 대신 국수를 먹였거든요"라고 대수롭지 않게 말했다. 어린이집을 다니면서 조금씩 밥을 먹기 시작해서 지금은 많이 나아진 상황이다.

식사시간에 현우는 포크나 젓가락은 사용하지 않고 숟가락만 쓴다. 그마저도 능숙하지 못해 음식을 흘리는 일이 많고 선생님에게 밥을 먹여 달라고 조르기도 한다. 선생님이 "혼자 한번 먹어봐!"라고 스스로 밥 먹는 연습을 시킬라치면 화를 내거나 식판을 엎기도 한다.

현우는 한 달에 서너 번씩 친구를 심하게 때리거나 상처를 입히는 말썽을 피운다. 지나가는 다른 반 친구의 코를 깨문 적도 있고, 같은 반 친구의 볼을 깨문 적도 있다. 그런가 하면 자기 몸에 상처를 낼 때도 있다. 영어시간에 느닷없이 자신의 왼손 손등과 오른손 손가락을 깨물기도 했다. 미끄럼틀 위에서 친구를 밀어서 주의를 주자, 미끄럼틀 쇠에 자신의 머리를 쾅 박은 일도 있다.

현우 엄마에게 정확한 발달진단을 받아서 치료가 필요하다면 받아보는 게 어떠냐는 의견을 내밀었지만 "다른 아이들보다 말이 좀 더딜 뿐이에요" 라는 대답만 들었다.

현우는 재혼 가정의 막내다. 위로 터울이 많이 나는 고등학생 형과 누나가 있다. 엄마는 현우를 "이루 말할 수 없이 예쁜 아이", "천사 같은 아이" 라고 부르는데, 정작 아이와 많은 시간을 보내지는 않는다. 엄마는 종교생활로 바쁜 일이 많다며 현우를 늦게 데려가는 일이 잦고, 아예 종일반에 맡기고 싶어한다. 가끔씩 현우는 "아빠가 엄마를 때렸어", "아빠가 엄마를 발로 찼어!"라는 말을 한다. 후에 엄마에게서 아빠가 평소에는 자상하지만 화가 나면 현우와 엄마에게 폭력을 쓴다는 이야기를 들을 수 있었다.

알고 나면 답이 보여요!

현우의 공격적이고 폭력적인 행동은 언어발달의 지체로 남과의 의사소통이 잘 이루어지지 않는 것에 가장 큰 원인이 있다. 현우가 보이는 문제행동의 원인은 엄마의 돌봄 부족과 아동학대를 하는 아빠 탓이 크기 때문에 현우는 검사는 물론 치료가 꼭 필요한 상황이다. 부모 또한 부모교육이 절실하다.

ADHD와 유사자폐의 경계선 행동이 보인다

현우는 어떤 면에서는 ADHD(주의력결핍과잉행동장애)의 경계선에 있는 행동을 보이고, 어떤 면에서는 유사자폐의 경계선에 있는 행동을 보인다. 사용할 수 있는 언어 부족으로 친구들과 놀이를 할 때 자기 맘대로 안 되면 늘 상대방을 때리거나 밀어뜨리는 공격성은 ADHD의 경계선 행동이다. 이 때문에 친구들이 현우와 같이 놀기를 꺼려하다 보니 혼자 노는 시간이 많은데, 혼자 하는 놀이에서 보이는 모습은 유사자폐아들의 행동과 비슷하다. 특히 바퀴를 빙빙 돌린다든지, 변기 물을 계속 내리면서 노는 행동을 보면 그렇다.

다섯 살인데도 아직 식사를 혼자 하지 못해 선생님에게 먹여달라고 조른다거나 제 맘대로 안 되면 식판을 엎어버리는 것도 과잉행동에 속한다. 이따금 자해를 하면서 다른 사람의 관심을 얻으려 하고, 친구들을 깨무는 행동까지 서슴지 않는다. 이쯤 되면 아동상담센터에 가서 검사를 받고 치료를 진행해야 하는데, 대부분의 엄마들이 그런 과정을 두려워하고 꺼리는 경향이 있다.

치료 시기를 놓치지 마라

ADHD와 유사자폐는 사실상 만 3세 이후가 되면 진단이 가능하다. 지금도 늦지 않았으므로 더 늦기 전에 적극적으로 대처해야 한다. 그렇지 않으면 호미로 막을 것을 가래로 막아야 하는 일이 벌어지게 된다.

아이가 유독 산만한 것 같다는 말을 듣고도 태평한 엄마가 있었다. 그 엄마는 아이가 산만하게 노는 게 남편의 어릴 적 모습과 꼭 같다며 사람들의 이야기를 귀담아듣지 않았다. 그러나 아들이 초등학교에 들어가 학교공부를 못 따라가고 여러 문제행동까지 복합적으로 나타나자, 결국 소아정신과에 가게 되었다. 의사선생님은 치료시기를 놓쳐서 학습부진까지 초래된 상황이라고 진단했다.

만 3세 이후면 여러 진단검사를 통해 아이의 상태를 점검할 수 있다. 따라서 주변에서 권하는 경우라면 아이의 상태를 점검해본다는 생각으로 혹은 아이의 병을 키우지 않겠다는 마음으로 상담센터나 소아정신과를 방문해보는 게 좋다. 예방한다는 마음가짐을 가지면 병원 문턱을 넘기가 훨씬 수월할 것이다.

부모 노릇도 배워야 한다

어른들이 부모 노릇을 제대로 하지 못해 고통받는 아이들이 많아지면서 부모학교의 필요성에 대한 목소리가 높아지고 있다. 그중에 하나가 아빠학교다. 몇 달의 교육과정을 거친 후 졸업하게 되는데, 그 변화가 놀라운 수준이라고 한다. 현우 아빠는 그런 부모학교의 교육과정을 꼭 받아야 한다.

아빠가 양육에 적극적으로 참여하는 모습으로 변화된다면 아이는 몸과 마음에 근력을 갖게 된다. 잘 먹고 열심히 운동하면 몸에 근력이 생기듯이 가족 간에 원활한 소통이 이루어지고 공감 정서가 쌓이면 아이들 마음에 정서적인 근력이 쌓이게 된다. 몸과 마음의 근력을 잘 키워주면 회복탄력성이 높은 아이로 자라게 된다. 회복탄력성이란 어려움이 닥치거나 좌절했을 때 다시 일어서는 힘을 가리키는데, 어려서 고생과 역경을 경험한 사람들이 높다는 연구결과가 있다. 그런 사람들은 주변 사람들과 건강한 인간관계를 만들고, 마음속 깊이 상대를 존중하면서 소통을 잘 이루어 나간다.

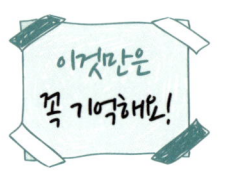
이것만은 꼭 기억해요!

1. 아이는 아빠의 폭력성을 그대로 보고 배운다

집안 분위기는 다섯 살짜리 아이가 만들 수 없는 문제다. '문제아는 없고 문제 부모만 있다'는 말처럼, 현우네는 엄마와 아빠가 문제인 것 같다. 가정폭력을 보고 자란 현우는 어린이집에서 아빠와 똑같이 자신의 감정과 분노를 폭력으로 표출하고 있다. 이 시기의 아이들은 그것이 잘못된 행동인 줄 모르고 그냥 따라 하는 경우가 많은데, 현우도 마찬가지 상황이다.

예전에 아버지가 엄마를 때리면 화장실에서 숨죽이고 그 모습을 지켜보면서 자신은 이 다음에 크면 절대 아버지 같은 사람이 되지 않겠다고 각오를 했다는 남성이 상담을 청해온 적이 있다. 당시 아버지는 엄청난 두려움의 대상이었는데, 차라리 아버지가 없었으면 좋겠다는 생각을 수없이 했다고 했다. 그런데 가정을 꾸리고 살면서, 자신도 아내의 잔소리를 참지 못하고 주먹을 휘두르고 있다는 내용이었다. 가정폭력이 대물림된 경우인데, 참으로 안타까웠다.

존 듀이는 '가정은 작은 사회'라고 말했다. 모든 인간은 가정에서 옳고 그름을 배우고 질서를 익혀 학교에 들어가고, 사회에 나온다. 아무리 학교에서 많은 것을 가르쳐도 결국은 어린 시절에 보고 자란 대로 행동하게 된다는 말이다. 부모는 아이의 거울이란 말이 있는데, 그것은 엄연한 사실이다. 아이들은 부모의 모습을 있는 그대로 보고 따라 한다는 사실을 꼭 기억하자.

2. 아이는 엄마 품속에서 돌봄받을 권리가 있다

현우 엄마는 아이를 돌보는 일은 뒷전이고 지나치게 종교생활에 매달리고 있다. 스스로 무엇이 더 중요한지 생각해볼 필요가 있다. 흔히 어떤 한 가지 일에 중독되다시피 매달리는 것은 뭔가에서 도피하고자 할 때 그 욕구가 강해진다고 한다. 가정 내 분위기가 서로를 배려하지 못하고 소통이 부족하기 때문에 그 안에서 발생하는 갈등구조를 피하기 위한 방책으로 종교생활에 몰두하고 있는 건 아닌지 살펴봐야 한다.

또한, 엄마가 해줘야 할 부분을 어린이집에 떠넘기고 아이를 방치하고 있는 것처럼 보여 염려스럽다. 제아무리 좋은 보육기관이라도 부모의 역할을 대신해줄 수는 없다. 그리고 아이에게 필요한 부모의 역할이 제때 적절하게 이루어지지 않으면 모성결핍으로 이어져 크나큰 상처를 남길 수 있다는 것을 알아야 한다.

"안 돼"라는 말을 못하는 엄마, 어떻게 해야 할까요?

우리 아이, 왜 그럴까요?

세 살인 지은이와 지후는 아들, 딸 이란성 쌍둥이인데, 작년부터 어린이집을 다녔다. 두 아이는 유난히 어린이집 생활에 적응하지 못했다. 아침에 등원하면 친구들에게서 멀찌감치 떨어진 곳으로 가 한참을 엎드려 울었다. 선생님이 말을 건네면 억지로 토하고, 안아주려고 하면 밀쳐냈다.

그렇게 몇 주일이 지나자, 아이들은 울음을 멈추었다. 하지만 둘이서만 놀고 여전히 선생님이 다가오는 것을 싫어하고, 친구가 가까이 오면 밀어버리거나 울면서 토했다.

쌍둥이 둘이서만 놀아요

꽤 많은 시간이 지나서 두 아이는 선생님의 손길을 받아들였다. 지은이와 지후의 반에는 선생님이 둘이었는데, 쌍둥이는 과할 정도로 선생님의 품을 차지하기 위해 싸웠다.

장난감을 가지고 노는 법과 친구들과 함께 노는 법을 알게 되면서 선생님 품을 벗어났지만 지후는 지은이 뒤만 졸졸 따라다녔다. 지후는 늘 지은이의 물건을 탐냈다. 때때로 지후는 지은이의 머리핀을 꽂고 왔고, 치마를 입고 오거나 신발을 신고 오기도 했다. 낮잠 자는 시간에 지은이가 덮는 분홍색 이불을 덮고 자겠다며 떼를 쓴 적도 있다. "사이좋게 하루씩 덮고 자자!"는 선생님의 제안으로 지금은 하루씩 번갈아가며 덮고 잔다.

위험한 행동을 많이 해요

두 아이는 늘 선생님의 눈치를 살폈고, 잘 보이려고 애썼다. 장난감을 정리하면 선생님이 칭찬한다는 것을 알게 된 뒤부터 두 아이는 열심히 장난감을 정리했다. 얌전하게 놀고, 하지 말라는 일은 하지 않았다. 그러나 그것은 선생님이 곁에 있을 때에 한해서였다. 선생님이 자리를 비우면 쌍둥이의 행동은 완전히 달라졌다. 높은 곳으로 올라가 뛰어내리고, 콘센트에 장난감을 쑤셔 넣으려고 하는 등 위험한 행동을 서슴지 않았다.

지은이와 지후는 아빠, 엄마, 한 살 어린 남동생과 함께 산다. 남동생도 올해부터 같은 어린이집에 다니고 있는데, 두 아이는 동생에게 눈길 한 번 주지 않고 늘 본체만체한다.

밥이나 간식을 먹을 때면 쌍둥이는 어김없이 "선생님! 그만 먹고 싶어요!"라고 얘기한다. 배가 불러서 하는 말이면 괜찮은데, 늘 숟가락을 들기도 전에 이렇게 말한다. 아이들은 밥과 간식을 아주 조금씩 먹는 편인데, 그것도 좋아하는 음식일 경우에만 먹는다. 선생님이 다른 친구들을 챙기면 관심을 끌려고 일부러 토하기도 한다.

"안 돼!"라고 말하지 못하겠다는 엄마

지은이와 지후는 집에서 다쳐서 오는 일이 간혹 있다. 뜨거운 물에 데기도 하고, 칼에 베었다며 붕대를 감고 오기도 한다. 자기들끼리 가위로 머리카락을 잘라서 앞머리 모양이 우스워져서 오기도 하고, 몸에서 냄새가 날 때도 있고, 옷이나 신발도 지저분할 때가 많다. 2주에 한 번씩 세탁을 위해 이불을 보내는데, 엄마는 "한 주 더 쓸게요"라며 세탁을 미루기도 한다. 가장 걱정스러운 것은 아이들에게 감기약을 자주 먹인다는 점이다.

지후 엄마는 하루도 빠짐없이 "밥 많이 먹여주세요", "밥 잘 먹었나요?"라고 묻는다. 지각을 하는 날이면 "애들이 밥을 안 먹었어요. 아침 간식 꼭 먹여주세요"라고 당부할 정도다.

언젠가 아이들이 밥을 먹을 때마다 습관처럼 먹기 싫다고 말한다고 했더니, 엄마는 뜻밖의 대답을 했다.

"아! 그 말은 제가 가르쳤어요. 우리 애들이 자신감이 부족해서 밖에 나가면 할 말을 제대로 못하거든요. 그래서 저는 먹기 싫을 때는 '먹기 싫어요. 그만 먹을래요!'라고 당당하게 말하라고 했어요."

한 번은 아이들이 너무 자주 다치는 것 같다는 얘기를 조심스럽게 꺼냈다. 처음에 표정이 굳어졌던 엄마는 이내 눈물을 흘리며 사정을 털어놓았다.

"다 저 때문이에요. 제가 아이들에게 '안 돼!'라는 말을 잘 못해요. 집에 과자를 넣어두는 서랍이 있는데, 아이들이 계속 꺼내 먹어도 그만 먹으라는 얘기를 못 해요."

이 문제 때문에 남편과 부부싸움도 많이 하는데, 아빠는 아이들이 밥을 잘 먹지 않는 이유가 과자를 너무 많이 먹어서라고 말한다고 했다.

엄마는 자신이 위험한 상황에도 둔감한 것 같다고 털어놨다. 아이들이 높은 곳에 올라가도, 칼이나 가위를 가지고 놀아도 별로 위험하다는 생각이 안 든다는 것이다.

알고 나면 답이 보여요!

두 살 때부터 어린이집에 다니기 시작한 쌍둥이는 적응하는 데 시간이 많이 걸렸다. 이는 부모와의 애착에 문제가 있기 때문으로 보인다. 아이들이 밥을 잘 먹어야 된다고 생각하면서도 과자를 마음대로 먹게 내버려두는 것이나 아이들에게 "안 돼"라는 말을 못한다는 것은 부모로서 책임감이 없는 행동이다. 자신이 위험한 상황에 둔감하다고 말한 것 역시 엄마로서 믿음이 가지 않는 부분이다. 아이들이 안전하지 못한 행동을 하는데도 그 위험한 행동을 제지하지 못한다면 아이들의 보호자 역할을 제대로 한다고 할 수 없다. 맞벌이 부부가 아닌데도 아이들을 일찍부터 어린이집에 보낸 것도 그 때문이 아닌가 싶다.

아이들이 어린이집을 다니면서 조금씩 변화해가고 있는 점은 다행스러우나, 문제는 엄마다. 엄마가 함께 변화해야 아이들을 제대로 돌볼 수 있는데, 그렇지 못한 상황이기 때문이다.

엄마는 단호하게 "안 돼!"라고 말할 줄 알아야 한다

어려서 제약과 규제를 많이 하는 엄마 밑에서 자란 사람을 상담한 적이 있다. 그 시절이 너무 싫었던 아이는 후에 자신이 아이를 낳아 키우게 되면 정반대로 키우겠다고 굳게 다짐했는데, 실제로 정반대로 키웠다.

그런데 자신이 받은 부모의 양육방식이 싫어서 무조건 반대로만 할 경우, 롤모델이 없기 때문에 위험요소가 따르게 된다. 예컨대, 아이에게 어떤 규칙이나 한계를 정하지 않고 오로지 'Yes'만 외치면서 아이를 키우면 아이가 자율적이고 창의적으로 자랄까? 절대 그렇지 않다. 오히려 무질서해지고 구제불능의 아이로 자랄 가능성이 크다.

아이에게 'No'라고 말하지 못하는 것도 방임에 속한다. 아이들이 칼을 가지고 노는데도 제지하지 못하는 것은 엄마로서 자격이 있는지 심히 의심된다. 또한, 과자를 맘대로 먹게 하면서 밥을 잘 먹이고 싶다는 것도 어불성설이다.

이 엄마에게는 단호한 양육태도가 필요하다. 엄마가 'Yes'와 'No'를 명확하게 하지 않으면 아이는 옳고 그름에 대한 구분을 하지 못하게 되고, 위험천만한 일을 서슴없이 하게 된다.

이런 엄마들은 아이가 원하는 것은 뭐든지 다 들어주려는 경향이 있다. 그들은 아무리 힘에 겨워도 아이의 요구를 전부 들어주는 것이 옳다고 믿는다. 그러다가 완전히 지치고 우울증에 걸린 채로 상담실을 찾는다.

가정의 행복은 가족 구성원 모두가 각자 행복해야 가능하다. 아이들을 위해 부모가 무조건 희생해야 한다는 태도는 바람직하지 않다. 엄마가 먼저 행복해야 내 아이와 내 가족이 행복해진다는 것을 기억하자.

칭찬거리를 찾아서 하루에 5번 칭찬하라

쌍둥이와 한 살 터울의 동생까지 있어서 하루하루가 전쟁통에서 사는 기분일 것은 짐작하고도 남을 일이다. 그럼에도 불구하고 엄마는 아이들에게 각각 하루에 5번 정도 칭찬거리를 찾아서 칭찬해주는 과제를 수행했으면 한다. "칭찬할 일은 눈을 씻고 찾아봐도 없고 야단칠 일은 차고 넘친다"라고 말할 엄마들이 많을 것이다. 그래도 찾고자 맘만 먹으면 10번도 쉽다. 모든 것은 맘먹기에 달렸다는 말이다.

칭찬은 귀로 먹는 보약이라는 말이 있듯이, 늘 칭찬받는 아이들은 기분 좋게 아침을 맞고, 반대로 야단맞는 아이들은 신경질과 짜증으로 하루를 시작한다. 야단칠 일이 있어도 아침에는 좀 미루고, 아이들이 기분 좋게 하루를 시작할 수 있도록 노력해보자.

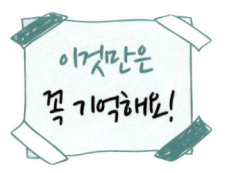

1. 식습관 고치기, 맘만 먹으면 쉽다

요즘 들어 식습관에 관한 상담을 많이 받는다. 많은 엄마들이 이 문제로 애를 먹고 있다는 증거일 것이다.

"우리 아이가 밥을 잘 안 먹어요."

"입 안에 물고 있고 넘기지를 않아요."

"너무 늦게 먹어요."

이 아이들은 대체 왜 그럴까? 그 이유는 간단하다. 배가 고프지 않아서다. 이런 상담을 할 때마다 나는 아이가 배고플 때까지 먹을 것을 주지 말라고 말한다. 그러면 엄마들은 놀란 토끼눈을 하고는 "그러다가는 제 속이 시커멓게 타들어갈 거예요"라고 하소연한다. 그런 엄마들을 위해 한 가지 제안을 한다. 먼저 식사 규칙을 만들어라. 식구들이 모두 모여서 함께 규칙을 정하고 약속한 다음, 지키지 않았을 때의 벌칙도 정하자.

가령, 식탁에 앉아서 밥을 먹지 않고 딴짓을 한다든지 장난을 하는 경우에는 배가 고프지 않은 걸로 하고 밥그릇을 치우고 식탁에서 일어나도록 한다. "우리 ○○는 배가 고프지 않은 것 같으니 식구들이 밥을 다 먹을 때까지 가서 놀아도 돼. 대신 저녁 먹을 때까지 간식은 없어"라고 분명하게 얘기하자. 그리고 다음 식사시간 때까지 물 말고는 아무것도 먹을 수 없다고 미리 알려준다. 2~3시간이 지나서 아이가 주스, 빵, 과자를 찾아도 절대 주면 안 된다. 마음이 흔들렸다가는 아이의 식습관 지도는 말짱 도루묵이 된다. 이때는 약속대로 저녁식사 때까지 아무것도 먹을 수 없다고 다시 얘기해준다. 고집을 부리며 몇 끼씩 굶는 아이도 있지만 대부분은 두 끼 정도면 맛있게 식사를 한다. 이런 경험을 해본 아이들은 밥상머리 투정을 하지 않게 된다. 엄마들은 아이가 한두 끼 안 먹으면 큰일날까 봐 걱정이지만, 웬만해선 그런 일은 일어나지 않는다.

2. 규칙 지키기는 자기통제력을 기른다

처음부터 규칙을 너무 많이 만들어놓으면 아이들이 지키기에 벅차다. 따라서 한꺼번에 여러 개의 규칙을 정하기보다 아이들이 실천할 수 있는 규칙 한두 개만 정해놓고 시작하는 것이 좋다. 예를 들면, 밥 먹기 전에 손 씻기나 자기 신발 가지런히 놓기 등의 규칙을 정해 습관이 될 때까지 지속적으로 유지한다. 3주 정도 유지하면 몸이 기억하기 때문에 습관이 된다. 이때 부모가 할 일은 아이가 규칙을 잘 지키거나 실행했을 때 반드시 그 자리에서 칭찬해주는 것이다. 칭찬을 받은 아이들은 보상을 받았다고 생각하여 열심히 규칙을 지키게 되고, 더욱 잘하게 된다. 반대로 잘 지켜지지 않은 경우에는 야단을 치기보다 격려와 위로를 해서 스스로 다시 시도하도록 만드는 것이 좋다.

어린아이라도 자기 스스로 조정하고 통제하는 힘을 훈련하고 연습한 아이들은 또래 아이들과 확연히 구별된다. 예컨대, 짜증내면서 말하지 않기로 했는데 짜증내면서 말한다면, 야단치고 혼내기보다 냉정한 태도를 보이며 바로 대답을 해주지 않는 방법을 사용해보자. 이런 경우 아이들은 반응이 없는 엄마의 태도에 놀라기도 하고 더 짜증을 내기도 하지만, 서서히 짜증 내지 않고 차분하게 말하게 된다. 아이와는 그때 다시 상호작용을 시작하면 된다. 이런 행동이 반복되면 아이들은 서서히 행동의 한계를 깨닫게 되고, 그 규칙 안에서 상호작용하는 법을 배우게 된다.

아이에게 너무 엄한 아빠,

어떻게 해야 할까요?

우리 아이, 왜 그럴까요?

민재는 두 살 때부터 어린이집에 다니기 시작했다. 이곳 어린이집에서는 처음 일주일 동안 엄마와 함께 지내면서 적응을 하게 한다. 민재 역시 엄마와 적응기간을 가졌다.

첫날, 민재에게 장난감을 가지고 놀라고 건넸더니 그것을 엄마에게 집어던졌다.

"왜? 싫어? 다른 걸 가져올까?"

엄마는 다른 장난감을 가져다주었는데, 아이는 그것도 던지면서 짜증을 부렸다.

"이것도 싫어? 그럼 뭐 줄까?"

엄마는 아이가 짜증을 부릴 때마다 다 받아주었다.

둘째날, 민재 엄마는 자신이 없어도 아이가 잘 적응할 것 같다면서 직장에 나갔다.

"우리 애는 저랑 떨어져 있는 데 익숙해요. 태어난 지 얼마 안 됐을 때부터 제가 직장에 나갔거든요."

엄마가 가고 난 뒤에 민재는 정말 엄마를 찾지 않았다. 교실 안에서 이리저리 돌아다니며 장난감을 가지고 잘 놀았다. 어느 순간 친구를 툭 치고 지나갔는데, 선생님은 아이가 지나가다가 실수로 부딪친 거라고 생각했다. 그날 민재는 하루 종일 엄마를 찾지 않았고, 끝까지 혼자서 잘 놀았다.

친구들에게 장난감을 던져요

며칠이 지난 후에 선생님은 첫날 친구를 치고 지나갔던 민재의 행동이 실수가 아니란 것을 알게 되었다. 가지고 놀던 장난감을 친구에게 던지거나 장난감으로 친구를 때리기 시작한 것이다. 민재 옆에서 놀던 아이들이 느닷없이 맞는 일이 점점 늘어갔다.

"민재야! 친구 때리면 안 돼!"

친구를 때리려는 민재의 손을 붙들자, 아이는 소리를 지르며 선생님의 손을 뿌리쳤고 장난감을 내동댕이쳤다. 밖으로 놀러 나갔을 때도 선생님과 손잡는 것을 거부하고 혼자서 이리저리 뛰어다녔다. 정신없이 뛰어다니다가 친구를 밀어 넘어뜨리기도 했다.

제어가 안 될 때 선생님은 민재를 꼭 끌어안고 있다가 조금 차분해지면 품에서 놓아주며 "민재야, 사랑해!"라고 말해줬다. 그리고 다른 아이들에게도 사랑한다는 포옹을 하자고 제안해서 서로서로 끌어안기도 했다. 그럴 때 민재는 잠시 기분이 풀려 웃음을 지었고 차분하게 놀았다. 그러나 그런 시간이 오래 가지는 않았다. 얼마 후에 다시 장난감을 집어 던지기 시작했고, 친구들은 슬금슬금 민재를 피했다.

그런 일이 잦아지자, 선생님은 민재 입장에서 상황을 해석해서 물어보았다.

"민재야! 친구랑 같이 뛰면서 놀고 싶었니?"

아이는 말을 이해하지 못한 듯 선생님과 눈을 마주치지 않고 다른 곳을 쳐다보았다.

"그럼, 선생님이랑 손잡고 뛸까?"

선생님이 손을 내밀며 묻자, 그제서야 씩 웃으며 손을 잡았다.

"그럼, 친구 손도 잡고 다 같이 뛸까?"

선생님의 말에 민재는 활짝 웃으며 친구의 손을 잡고 함께 달리기 시작했다.

미안한 표정 없이 "미안해"라고 말해요

민재가 친구를 때리는 것을 직접 보지 못했을 때는 왜 때렸는지를 알 수 없었다. 맞은 친구는 "민재가 때렸다"라고 하는데, 이유를 물어도 민재는 선생님의 시선을 피하거나 무표정한 얼굴로 다른 곳만 쳐다봤다. 친구를 때려서 울려 놓고는 슬그머니 자리를 피하기도 했다.

선생님이 인내심을 가지고 계속 지도한 끝에 민재는 "미안해!"라는 말을 따라 하게 되었다. 그런데 가만히 보니 "미안해!"라는 말을 그 상황에서 빨리 벗어날 수 있는 도구로 생각하는 듯했다. 표정을 보면 미안한 감정을 느끼는 것 같지 않았다. 그 뒤에도 민재는 아무 이유 없이 친구를 때리고는 "미안해!"라고 말하며 등을 쓰다듬고 지나갔다.

때리는 아빠도 문제, 다 받아주는 엄마도 문제

민재는 외동아들이다. 선생님은 민재 엄마와 상담을 하면서 아이가 젖먹이 때부터 할머니 손에서 자랐다는 것을 알았다.

"우리 부부가 맞벌이를 해서 어린이집에 오기 전까지 아흔 넘은 시어머님이 봐주셨어요. 어머님이 텔레비전 보는 걸 좋아해서 그냥 애를 옆에 눕혀놓고 키웠어요. 밥 때가 되면 분유 먹이고요."

민재네 엄마 아빠는 늦게 퇴근하기 때문에 집에 돌아오면 민재가 잠들어

있는 경우가 많았고, 집안일이 끝나면 쉬기 바빴다. 간혹 깨어 있어도 좋아하는 장난감을 쥐어주면 혼자서 잘 놀았다.

민재가 자라면서부터 아빠가 혼내는 일이 잦아졌다. 지난여름에는 민재의 등에 매 자국이 있어서 무슨 일이냐고 엄마에게 연락한 일이 있다.

"민재가 장난감을 던지거나 떼를 쓰면 애 아빠가 엄하게 혼냈어요. 자기도 어릴 때 말을 안 들으면 매를 맞았다면서 손이나 회초리로 때려요. 그래서 애가 아빠 눈치를 많이 봐요. 아빠가 있으면 얌전히 놀죠."

민재 엄마는 아이의 고집을 꺾는 게 너무 어렵다고 말했다.

"애 아빠가 하도 무섭게 대하니까, 저는 그냥 민재가 해달라는 대로 다 들어주게 돼요. 안 그러면 애가 울고불고 떼를 쓰기도 하고요."

알고 나면 답이 보여요!

민재는 정서적으로 열악한 가정환경에서 자라고 있는 아이다. 아이의 부모는 자신들의 생활에 바쁘고 지쳐서 아이를 돌보거나 애정을 쏟을 기회가 없는 것으로 보인다.

극도로 좌절된 상태의 아이

아빠는 엄한 체벌을 하고 엄마는 정반대로 아이의 요구를 무조건 허용하는 분위기의 환경이다. 이런 일관성 없는 태도로 아이를 양육하고, 기본 생활교육조차 못 시키는 가정환경은 아이에게 정서적으로나 교육적으로 아무런 도움이 되지 않는다. 민재가 어린이집에서 친구들을 때리고, 장난감을 던지는 것은 그 영향이 크다. 민재는 그것이 남을 괴롭히는 잘못된 행동이라는 것을 모른다. 그런 행동을 하면 안 된다고 가르쳐주는 사람이 없어서 배울 기회가 없었던 것 같은데, 이 역시 큰 문제가 아닐 수 없다.

선생님이 품에 안고 다독이면서 "민재야 사랑해"라고 말하면, 아이가 차분해지고 기분도 좋아지고 아이들과 어울리는 모습은 안쓰럽기 그지없다. 이런 모습은 극도로 좌절된 아이에게 나타난다.

매와 엄포로는 아이를 훈육할 수 없다

체벌 문제로 상담을 오는 부모들이 종종 있다. 매로는 행동수정을 시킬 수 없다는 것을 아는 사람들도 일단 아이에게 공포감을 줘서 문제상황을 다스리려는 경향이 있다. 이 방법은 도움은커녕 역효과만 날 뿐이다. 훈육을 목적으로 하든 어떤 이유에서든 아이를 때려서는 안 된다. 그보다는 인내심을 가지고 아이의 잘못된 행동이 바뀔 때까지 말로 설득하는 것이 좋다. 그래서 아이를 키우는 부모들에게 가장 필요한 것이 인내이다.

매 맞고 자라는 아이들은 늘 어른들의 눈치를 살피고, 때리는 사람이 없는 곳에 가면 잘못된 행동을 계속한다. 아이의 행동이 정말로 바뀌기를 바란다면 왜 그런 행동을 하면 안 되는지를 아이의 눈높이에서 차근차근 설명해야 한다.

"그렇게 장난감을 던지면 돼, 안 돼? 또 그러면 맞을 줄 알아!"

대부분의 부모가 아이들에게 이와 같은 엄포에 가까운 일방적인 상호작용을 한다. 그 순간에는 그런 행동을 하지 않을 수 있지만, 아무리 무서운 엄포라도 아이의 행동을 근본적으로 고칠 수는 없다. 오히려 구체적인 이유를 설명하면 아이가 알아듣는 경우가 많다.

"그렇게 장난감을 던지면 아주 위험해. 만약에 친구 눈에 맞으면 피가 날 수도 있고, 앞을 못 보게 될 수도 있어."

부모의 인내심이 매를 이긴다

그런 행동을 하면 왜 안 되는지를 한 번 듣고 지키는 아이는 세상에 없다. 하물며 어른도 그러기 쉽지 않다는 걸 잘 알고 있지 않은가. 아이가 다음번에도, 또 그 다음번에도 잘못된 행동을 계속하면 부모들은 말로 설명을 계속해주면 된다. 인내심을 가지고 반복하다 보면 아이의 뇌리에 박히는 순간이 올 것이다. 그 순간 아이의 행동에 변화가 일어나기 시작한다. 이때 중요한 것은 하루 이틀 설명해서는 어림도 없다는 걸 기억하는 것이다.

　말로 아이를 잘 훈육하는 엄마들을 보면, 낮은 목소리로 속삭이듯 말하지만 힘이 있고 단호하다는 특징이 있다. 그들은 목소리만 크고 호랑이 같이 무서운 엄마보다 훨씬 절도가 있다. 또한, 한 번 말해서 아이의 행동이 수정되지 않는다는 것을 잘 알고 있어서 절대로 서두르지 않고, 조급해하지도 않는다. 이런 양육환경에서 자란 아이들은 자라면서 폭력보다 말의 힘이 크다는 것을 깨닫게 된다.

　집 안에서 매 맞고 자라는 아이들은 십중팔구 놀이터나 어린이집, 유치원, 학교, 학원에 가서 친구들에게 주먹을 휘두른다. 또한, 누군가 매를 들 때만 아주 심각한 상황이라고 인식하고 말로 경고하는 것은 건성으로 받아들이는 경향이 있다. 선생님들이 집에서 매 맞고 자라는 아이를 가르치기가 가장 어렵다고 말하는 것도 그런 이유에서다.

　아이들은 부모로부터 맞으면서 최초로 공격성을 배운다. '흉보면서 배운다'는 말이 있듯이, 부모들 중에는 어려서 매를 맞고 자란 경우가 많아서 별 죄의식 없이 자녀를 때리는 경우가 많다. 맞으면서 자란 아이는 자신을 때릴 때의 부모의 포악한 표정과 위협적인 태도를 다음날 유치원에서든 놀이터에서든 다른 아이에게 그대로 재현한다는 사실을 기억하자.

훈계는 신뢰관계 속에서 통한다

올바른 훈육은 사랑이 함께할 때 그 효과가 더 크다. 사랑은 늘 주변에 둥둥 떠다니는 동사일 수도 있고, 명사일 수도 있다. 아이와 엄마의 관계에 기본적인 신뢰감과 사랑이 있을 때에만 "그러면 안 돼, 옳지 않아"라는 말이 진정으로 아이 귀에 들린다. 신뢰감과 사랑이 없는 상태에서 그런 말을 하게 되면 아이들은 엄마 말을 건성으로 듣고 자기 맘대로 해석해서 행동한다.

가령, 딸아이가 주방에서 일하는 엄마 등 뒤에다 대고 "야! 물 줘!"라고 친구에게 말하듯이 했다고 치자. 이런 경우 엄마는 어떻게 반응하는 게 좋을까? 보통 엄마들의 반응은 두 가지로 나뉜다. "너 지금 뭐라고 했어? 엄마더러 '야'라고 한 거야? 너 정신이 있는 애야?"라며 아이를 비난하고 따지는 엄마가 있고, 아이 스스로 다시 바르게 말할 때까지 무시하면서 하던 일에 몰두하는 엄마가 있다. 당신은 어떻게 반응하는 부모인가?

이때 아이에게 긍정적인 효과를 주는 쪽은 후자의 반응이다. 아이들은 엄마의 사랑을 되찾기 위해 예전처럼 공손하게 "엄마 물 주세요"라고 스스로 말하게 된다. 신뢰관계가 잘 형성되어 있으면 늘 아이에게 주던 사랑을 잠시 철회하기만 해도 사랑받고 자란 아이는 민감하게 반응한다.

평소에 따뜻한 사랑과 관심을 주지 않고, 바쁘다는 이유로 아침저녁에만 잠깐씩 보면서 그때마다 지적과 훈계를 늘어놓고 체벌을 해왔다면 부모로서 깊이 반성해야 한다. 세상에 거저 얻을 수 있는 것은 아무것도 없다. 더욱이 자녀문제에 있어서는 말할 나위도 없다. 아이의 긍정적인 변화는 부모의 피 나는 노력이 있을 때에만 가능하다.

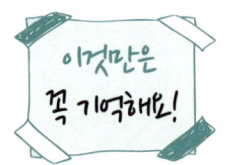

아이와 놀아주는 것이 집안일보다 중요하다

민재는 부모의 관심부족에서 오는 허전함과 적적함을 어린이집에서 아이들을 괴롭히고 못 살게 구는 것으로 대신하면서 자신의 화를 표출하고 있다. 그런 행동이 잘못된 것이라고 가르쳐주는 사람이 없는 것도 문제다. 어린이집에서 "미안해"라는 말을 배워서 친구에게 건네기는 하지만, 단순히 혼나는 상황에서 벗어나기 위한 방법으로밖에 인식하지 못하고 있다. 교육의 부재를 단적으로 보여주는 예라고 할 수 있다.

엄마 아빠는 늦게 퇴근하는데다 돌아오면 집안일이 바빠 아이의 자는 얼굴만 들여다볼 뿐 놀아주는 시간이 없다. 엄밀하게 따지고 보면 집안일은 하나도 중요하지 않다. 정작 중요한 일은 아이와 적극적으로 놀아주고 상호작용하는 것이다. 평일에 아이와 보내는 시간을 만들 수 없다면 주말을 이용하자. 가족들이 함께하는 놀이나 요리, 물놀이, 흙놀이를 통해 평일에 채울 수 없었던 사랑의 부족분을 양껏 채워주는 노력이 필요하다. 사랑한다는 말을 해주고, 안아주고, 무릎에 앉혀놓고 얘기를 나누자. 또한, 머리를 쓰다듬어주고, 대단하다고 칭찬해주고, 눈을 마주보며 이야기를 나누고, 등을 토닥여주는 신체적인 접촉을 의도적으로 많이 하면 아이의 공격성은 현저하게 줄어들 것이다.

5장

아이에게 병을 주는 욕심, 독이 되는 무관심

현명하게 야단치고 칭찬할 수 있는 방법을 찾아야 한다. 가령, 야단칠 일은 모아서 한 번에 끝내고, 칭찬거리는 틈 날 때마다 수시로 하면 된다. 집안 분위기가 완전히 달라 질 것이다.

지나치게 책임감이 강한 아이, 어떻게 해야 할까요?

우리 아이, 왜 그럴까요?

여섯 살인 재호는 반에서 키도 몸집도 가장 작은 아이다. 그러나 무슨 일을 하든 가장 먼저 나서서 열심히 한다. 놀이를 마치고 장난감을 치우거나 식사 준비를 할 때면 언제나 앞장서서 선생님을 돕는다. 유치원 버스를 타기 위해 줄을 설 때도 선생님을 도와 친구들을 챙긴다. 하지만 키와 몸집이 작아서 그런지 아이들은 재호의 말을 잘 듣지 않고, 종종 놀리기도 한다.

현장학습을 나갔다가 유치원으로 돌아올 때의 일이다. 한껏 들뜬 아이들은 야단법석이었다.

"얘들아! 줄 서자! 자, 줄 서야지!"

선생님이 목청을 높였지만, 아이들은 말을 듣지 않았다. 이리저리 뛰어다니며 장난치고 한눈팔기 바빴다. 그러자 늘 그랬듯, 재호가 반장 역할을 자청하고 나섰다.

"선생님이 줄 서래. 승민아, 이리 와! 야, 그만해!"

재호는 멀찍이 떨어져 있는 친구를 부르고, 장난치는 친구들을 말렸다. 그때 한 아이가 재호를 놀리기 시작했다.

"땅꼬마가 말한다!"

그 말에 아이들은 "와!" 하고 웃었고, 재호의 얼굴은 발갛게 달아올랐다.

몇몇 아이들이 "땅꼬마래! 땅꼬마래!"라고 놀려대자 결국 재호는 울음을 터뜨렸다.

친구의 잘못까지 대신 책임지려고 해요

하루는 선생님이 잠시 자리를 비운 틈에 아이들 사이에 다툼이 일어났다. 선생님이 돌아와 보니 재호까지 세 아이가 뒤엉켜 있었다.

선생님은 얼른 아이들을 떼어놓고 이유를 물었다.

"무슨 일이야?"

"내 장난감을 뺏었어요."

"만지기만 했는데……. 확 밀고 꼬집고……."

재호를 제외한 두 아이는 우느라 말을 제대로 잇지 못했다. 아무 말 없이

서 있는 재호에게 선생님이 다시 물었다.

"정말이야? 왜 그런 거니?"

"장난감을 가지고 싶어서 뺏었어요. 그래서 친구를 밀었어요."

선생님은 재호를 혼내고 울고 있는 두 아이를 달랬다.

그런데 잠시 뒤에 한 아이가 선생님에게 다가오더니 작은 목소리로 말했다.

"선생님, 아까요. 재호가 그런 게 아니에요. 애들이 막 싸워서 재호가 말린 거예요."

선생님은 하원하기 전에 재호를 불러서 이야기를 나누었다.

"재호야! 아까는 선생님이 미안했어. 친구를 위하는 마음은 참 예쁘지만, 하지도 않은 일을 했다고 말해서는 안 되는 거야. 솔직하게 말해야지."

선생님은 재호를 타일렀다. 하지만 그 뒤에도 재호는 친구들 사이에 다툼이 일어나거나 친구가 혼날 일을 저지르면 나서서 책임지려고 했다.

뭐든지 완벽하지 않으면 안 돼요

재호는 리더십이 있고 책임감이 강한 아이지만, 고집도 무척 세다. 게다가 모든 일에 완벽을 기한다. 특히 그림 그리기 시간에 그 성향이 두드러진다. 가령, 동물 그리기를 할 때 보면 보통 아이들은 도화지에 한두 마리 그리고 만다. 그런데 재호는 열 마리도 훨씬 넘게 그려서 도화지를 빽빽하게 채운다. 여백을 찾아보기 힘들 정도로 채운다. 물론 다른 아이들에 비해 훨씬 많은 시간이 걸린다. 다른 활동시간이 되었으니 그만 정리하자고 해도 도통 말을 듣지 않는다.

"재호가 그림을 참 잘 그렸구나. 근데 이제 그만하고 옛날이야기 들으러 가자!"

그래도 재호는 자리에서 꿈쩍도 하지 않고 계속해서 그림을 그린다. 원래 그리려고 맘먹었던 대로 도화지를 가득 채운 뒤에야 자리에서 일어선다.

아이는 칭찬받고 싶어해요

선생님은 재호 엄마와 면담을 하게 되었을 때 이 점에 대해 이야기를 나누었다. 아이가 반장 역할을 하며 친구들을 잘 챙긴다는 이야기로 말문을 열고 유치원 생활에 대해 솔직하게 얘기해주었다.

"재호는 친구들을 참 잘 챙겨요. 근데 가끔은 챙기는 걸 넘어서 모든 일을 책임지려 들어요. 다른 아이가 잘못한 것까지도요."

엄마는 셋이나 되는 동생을 챙기는 버릇 때문인 것 같다고 말했다.

"동생들 챙기는 게 버릇이 됐나 봐요. 동생들에게 하듯이 친구들을 챙기는 거죠. 집에서 제가 동생들 책임지고 잘 챙기라는 말을 자주 하거든요."

대화를 나누다가 재호의 성격을 이해할 수 있는 새로운 사실을 하나 알았다. 셋째 동생이 태어날 무렵에 재호가 시골 할머니 집에서 잠시 지냈다는 것이다.

"애가 혼자만 떨어져 지낸 게 마음에 남은 것 같아요. 사실 지금도 재호에게 신경을 많이 쓰지 못하는 상황이에요. 동생들이 어려서……. 그래서 재호가 뭐든 완벽하게 해서 칭찬받고, 관심받고 싶어하는 것 같아요."

선생님은 재호가 집에서는 어떤지를 물었다.

"사실 선생님 말씀을 듣고 많이 놀랐어요. 재호가 나서서 반장 역할을 한다는 게 조금 믿기지 않아요. 집에서는 말수도 적고, 혼자 조용히 노는 편이거든요."

재호 엄마는 아이에게 그런 면이 있다는 걸 알고 많이 놀라는 것 같았다.

알고 나면 답이 보여요!

재호는 칭찬에 굶주린 아이로 보인다. 친구들의 잘못까지 대신 짊어지고 애써 책임지려는 것은 관심받기 위한 행동이라고 할 수 있다. 흔한 말로 재호는 애어른인 셈이다. 하지만 또래 아이들에게 나타나는 일반적인 모습은 아니기 때문에 좀 더 관찰하면서 지켜볼 필요가 있다.

그렇다면 재호는 왜 애어른이 되었을까? 결론부터 말하면, 너무 어려서부터 아이가 감당할 수 없는 수준의 책임을 떠안고 자랐기 때문이다. 재호는 또래 아이답게 성장할 수 없는 환경에서 자랐다는 말이다.

첫째 아이도 아직 어린아이다

일반적으로 엄마들은 첫째 아이에게 동생을 잘 돌봐주라는 것부터 시작해서 많은 책임을 부여한다. 그런데 동생보다 한두 살 많을 뿐이지 첫째 아이도 어리기는 마찬가지다. 남을 돌볼 준비가 되지 않은 상태에서 이런 기대나 요구를 받게 된 아이는 상당한 부담으로 받아들이게 된다. 게다가 부모의 기대에 못 미친다는 것을 인식하게 되면 죄책감과 열등감을 갖게 되고, 매일 매 순간을 긴장 속에서 지내게 된다. 어디 그뿐인가? 노력한 만큼이라도 부모의 칭찬을 받으면 괜찮은데, 오히려 야단과 꾸중을 듣는 일이 많다.

형제를 키우는 엄마들이 자주하는 말이 있다.

"네가 형이니까 동생한테 양보해. 싸우지 말고 동생 잘 보고……."

첫째 아이의 입장에서 한번 생각해보자. 자기도 아직 엄마의 보살핌을 받아야 할 나이다. 그런데 맏이로 태어났다는 이유로 날마다 동생한테 양보하라는 말을 듣고, 게다가 자기 말을 귓등으로도 안 듣는 동생을 잘 보라니 억울하지 않겠는가.

첫째 아이라는 허울 좋은 명분에 너무 많은 책임을 떠맡기는 것은 부모의 직무유기라고 할 수 있다. 엄밀하게 따지면 첫째 아이에게 요구하는 일은 모두 부모가 할 일이기 때문이다.

형제자매는 책임질 상대가 아니라 사랑을 나누는 존재

형제자매는 서로 싸우고 화해하면서 우애가 돈독해진다. 형재애나 가족애는 한 시기에 뚝딱 만들어지는 것이 아니라 한 공간에서 부대끼고 자라면서 차곡차곡 쌓여가는 것이다.

재호가 집에서 동생들의 해결사이면서 리더 역할을 하는 데 스트레스를 받지 않고 긍정적으로 받아들인다면 별 문제가 없다. 그러나 재호는 지금 주어진 환경과 부모의 요구에 못 이겨 어쩔 수 없이 그 역할을 하고 있다. 계속해서 이런 과중한 책임감 속에서 자라게 된다면 동생들을 '어려서부터 나를 괴롭히고 힘들게 했던 존재'로 생각하게 될 것이다.

지금 재호에게 필요한 것은 더 이상의 기대와 책임감을 요구하지 않는 것과, 가족애와 형제애를 느낄 수 있는 활동이다. 그래야만 동생들을 재미있게 놀고 신나는 추억을 함께 쌓아갈 수 있는 형제로 받아들일 수 있다.

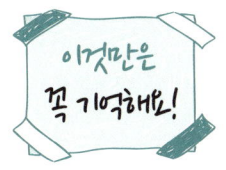

1. 규칙은 공정해야 한다

가정에서의 규칙은 구성원 모두가 지키도록 해야 한다. 형이나 누나라고 해서 특별한 규칙을 더 지키라고 강요해서는 안 된다.

가령, '동생을 세 번 때리면 좋아하는 TV 프로그램을 볼 수 없다'는 규칙을 형에게 내밀었다면 동생에게는 '형이 가지고 노는 장난감을 무법자처럼 뺏으면 좋아하는 간식을 먹을 수 없다'는 규칙을 지키라고 해야 한다. 만약 규칙을 서로 못 지키게 되어 TV도 못 보고 간식도 못 먹는 불이익을 경험하고 나면 형제간에 다투는 횟수가 눈에 띄게 줄어든다. 이런 규칙을 엄마가 아이들의 눈높이에 맞추어서 수시로 변경하도록 하자. 단, 규칙은 모두가 지킬 수 있도록 균형감을 가져야 한다.

한편, 지켜야 할 규칙이 너무 많으면 그 또한 스트레스거리가 된다. 따라서 아이를 키우면서 가장 힘든 것을 우선으로 해서 규칙을 세우도록 하자. 하나의 규칙이 어느 정도 지켜지면 그때 가서 다음 규칙을 만들어 가르치면 된다. 예컨대, 방 안을 돌아다니면서 밥을 먹는 아이에게 요구했던 식사예절이 어느 정도 지켜지면 다음에는 형제간 싸움문제에 집중하는 식이다. 엄마의 잔소리도 줄고 아이들의 울음소리도 줄어들게 될 것이다.

2. 첫째 아이를 더 배려해야 한다

형제자매를 키우는 부모들이 많이 어려워하는 것 중의 하나가 첫째 아이와 작은아이를 동등하게 대하는 것이다. 작은아이로 인해 첫째 아이를 희생하는 존재로 만들지 말아야 한다. 물론 첫째 아이에게 우선권을 준다든지, 부모가 없을 때 대신할 수 있는 권한을 준다든지 등의 일은 할 수 있다. 그러나 늘 작은아이를 우선시하고 아기 취급을 하면서 편을 들어주게 되면 집안의 화목은 깨지기 시작한다. 또, 작은아이는 첫째 아이의 잘못을 늘 엄마에게 고자질하는 습관이 생기기 쉽다. 작은아이 말만 듣고 늘 첫째 아이를 꾸중하면, 작은아이는 형을 우스운 존재로 보게 된다. 결국 형제간의 우애도 기대하기 어려워진다. 모든 것은 작은아이를 떼쟁이로 만든 부모 잘 못이다.

이런 경우에 부모는 작은아이가 고자질을 못하도록 해야 한다. 혹여 고자질을 듣더라도 일단 첫째 아이의 얘기를 들어주고, 사실관계를 밝혀야 한다. 첫째 아이가 잘못한 것이 확실하더라도 작은아이 앞에서 야단쳐서는 안된다. 혼낼 일이 있으면 방으로 따로 불러 야단을 치는 등 첫째 아이를 배려하도록 하자. 이런 배려를 받고 자란 첫째 아이가 동생을 더 잘 돌본다.

어느 집이나 첫째 아이를 잘 키워 놓으면 작은아이를 키우는 일이 수월해진다. 그런데 대부분의 엄마들이 더 어리다는 이유로 작은아이한테 무게중심을 둔다. 아이들이 그것을 눈치채는 순간 형제자매간의 관계는 망가지기 시작한다는 것을 기억하자.

바깥에 나가면 제멋대로인 아이,
어떻게 해야 할까요?

우리 아이, 왜 그럴까요?

다섯 살 승민이는 유치원에 오자마자 가방을 벗어 던지고 장난감이 있는 곳으로 달려간다. 아이들이 유치원에 와서 가장 먼저 해야 할 일이 스스로 출석카드 꺼내기, 가방과 옷 정리하기인데, 승민이는 스스로 그것을 한 적이 한 번도 없다. 블록 쌓기를 하는 곳으로 달려간 승민이는 늘 아이들과 실랑이를 벌인다.

"여기 우리가 먼저 놀고 있잖아. 너 들어올 자리 없는데."

친구가 좁다고 말해도 승민이는 들은 척도 하지 않고 틈을 비집고 들어간다. 그러고는 한 친구의 블록을 빼앗아 놀기 시작한다.

"내 거야! 줘!"

블록을 빼앗긴 친구는 울음을 터뜨린다.

내가 하고 싶은 대로 할 거예요

다 함께 참여하는 활동시간이 되면 승민이는 복도를 뛰어다니고 강당과 옥상으로 달려간다.

"승민아, 이리 와! 지금은 거기 갈 시간이 아니야!"

선생님이 불러도 아이는 웃으며 후다닥 달려간다. 선생님이 찾으러 가면 숨바꼭질이라도 하듯 다른 곳으로 뛰어가 숨어버린다.

간신히 아이를 붙들고 "승민아! 왜 그랬어?"라고 물어도 배시시 웃기만 한다. 몇 번을 물어도 승민이는 눈도 마주치지 않고 "안 그럴 거예요"라는 말로 그 상황을 피하려고만 한다.

점심식사 후 이를 닦으러 가면 승민이는 복도에 서서 계단 아래로 양치컵을 휙 던진다. 자기 것도 던지고, 친구들 것도 던진다. 그러고는 계단에 거꾸로 누워버린다. 선생님이 승민이를 교실로 데려와서 대화를 시도하지만, 역시 아이는 대답하지 않는다. 그런 행동을 하면 왜 안 되는지도 일러주지만, 반성하는 기색 없이 눈길을 피하며 "안 그럴 거예요"라고 대답할 뿐이다.

집에서는 말도 잘 듣고 착해요

아빠, 엄마, 두 살 터울의 누나와 함께 사는 승민이는 아주 어릴 때부터 어린이집 생활을 시작했다. 익숙해질 만도 한데 승민이는 유치원 활동에 참여하지 않는다. 오로지 자기 하고 싶은 대로 행동할 뿐이다. 선생님이 타일러도 보고 혼도 내봤지만 소용없었다.

승민이 엄마와 면담을 했더니 아이 행동을 모두 아빠 탓으로 돌렸다.

"승민이가 여기 유치원도 그렇지만 어린이집 시절부터 통 적응을 못했어요. 사실 그래서 작년에 다니던 유치원을 그만두고 여기로 옮겨왔어요. 다애 아빠가 너무 엄해서 그래요. 애가 잘못하면 회초리부터 들고 무섭게 혼내거든요. 근데 잘해줄 때는 또 얼마나 잘하는지 몰라요. 장난감도 잘 사주고요."

종일반을 다니는 승민이가 하원한 후에는 어떻게 시간을 보내는지를 물었다.

"승민이가 뛰어다니는 것을 좋아해서 유치원 끝나면 태권도학원에 보내요. 맞벌이 부부다 보니 애들과 함께 보내는 시간이 많지 않죠. 저녁에는 애 아빠가 공부를 많이 시키는 편이에요. 한글이랑 한자 공부도 시키고, 영어도 하고, 수학 학습지도 풀고 있어요. 승민이가 집에서는 말도 잘 듣고 착한데……."

승민이 엄마는 유치원에서 아이가 말썽부리는 걸 알면 아빠한테 크게 혼날 거라면서 잘 타이르겠다고 말했다.

선생님은 집과 유치원에서의 아이 행동이 너무 달라서 많이 놀랐다.

친구들에게 "매일 혼나는 애"로 불려요

친구들은 승민이를 "매일 혼나는 애", "말 안 듣는 애"라고 부른다. 함께 놀려고도 하지 않는다. 심지어 승민이의 행동을 잘 관찰했다가 선생님에게 일러서 혼나는 모습을 구경하기도 한다. 아이들은 잘못을 저지르는 승민이와 그에 대한 선생님의 반응을 '놀이'로 보는 것 같았다.

승민이가 교실 밖으로 나가자, 아이들은 기다렸다는 듯 선생님에게 우르르 몰려온다.

"선생님! 승민이가 나갔어요."

선생님이 승민이를 데리러 나가면 아이들은 복도로 몰려나와 그것을 구경하고 서 있다.

알고 나면 답이 보여요!

맞벌이 가정의 경우에는 엄마 아빠가 퇴근해서 집에 돌아와 저녁식사를 하고 나면 금세 잠자리에 들 시간이 되어버린다. 그 짧은 시간 동안 승민이 아빠는 함께 놀아줘도 모자랄 판에 지나치다 싶을 만큼 공부를 시키고 있다.

승민이는 아빠가 무서워서 집에서는 말도 잘 듣고 착한 아이다. 그런데 유치원에만 오면 행동이 180도 바뀌고 만다. 집에서 받는 학습 스트레스와 체벌 스트레스를 유치원에서 풀고 있는 셈이다. 제멋대로 여기저기 뛰어다니고 물건을 집어 던지고 선생님 말도 듣지 않는다. 그로 인해 선생님에게 혼나는 일이 많다 보니 친구들에게 승민이는 '매일 혼나는 애, 말 안 듣는 애'로 낙인찍혀 있다. 불행의 악순환이 반복되고 있는 상황이다. 이런 아이는 나중에 학교에 들어갔을 때 집단 따돌림감이 될 가능성이 있다. 부모로서는 크게 걱정해야 할 상황이다.

공부가 아니라 기본 생활교육이 먼저다

굳이 그런 공부가 필요치도 않은 시기에 승민이에게 지나치게 공부를 강요하고 있는 아빠를 이해하기 어렵다. 분명 잘못된 일이다. 아이들은 준비가 되었을 때 공부를 해야 지식을 잘 습득하고 오래 기억한다. 초등학교에 들어가서 시작해야 할 공부를 너무 일찍 시키게 되면 아이가 산만해질 가능성이 크다. 그래서 정작 공부를 해야 할 시기가 되었을 때 집중하지 못할 수 있다.

영어를 일찍부터 시작한 아이는 영어책을 줄줄 읽기는 하지만, 그 뜻은 잘 모른다고 한다. 아이 교육에 조급증을 부리고 있는 엄마들에게 묻고 싶다. 이런데도 조기 영어교육이 필요하다고 생각하는지 말이다. 읽을 줄은 알지만 무슨 내용인지를 모르는 것은 아이에게 노동일 뿐이다. 이런 경우를 과잉언어증이라고 한다. 천자문을 줄줄 외우는 아이가 그 뜻은 하나도 모르는 경우도 마찬가지다. 아이에게나 부모에게나 참으로 고달픈 일이다.

엄마는 아이가 못 따라온다며 더 열성적으로 공부를 시키고, 아이는 하고 싶지 않은 공부를 등 떠밀려 계속해야 하기 때문에 악순환은 반복된다. 이런 아이들 중에는 공부 스트레스가 쌓여 책을 손에 잡으면 모퉁이부터 씹어서 버리는 문제행동을 하는 경우도 있다.

이 시기의 아이들에게는 조기교육이 아니라 기본 생활교육을 시켜야 한다. 그래야만 아이가 아이답게 자라고 병들지 않는다. 가령, 가지고 논 장난감 제자리에 놓기, 실내에서 뛰지 않기, 양치컵 던지지 않기, 물건을 사람에게 던지지 않기와 같은 기본 생활교육이 필요하다. 지금 승민이에게 필요한 교육도 이런 것들이다. 규칙을 잘 지켰을 때는 아낌없이 칭찬해주고, 잘 지키지 않았을 때는 재차 설명하고 타일러야 한다. 화를 내거나 야단을 치거나 체벌을 해서는 안 된다. 한두 가지 규칙을 잘 수행하기 시작하면 그 다음 규칙을 제시하면 된다. 이런 과정 속에서 아이는 스스로를 조정하는 자율적인 아이로 성장하게 된다. 이런 것들이 공부보다 먼저 이루어져야 한다.

생활습관은 부모가 솔선수범한다

유아기에는 바른 생활습관을 들이는 일이 더 중요하다. 세 살 버릇 여든까지 간다는 말이 있듯이, 생활습관은 아주 중요하다. 식사예절, 인사예절, 공공질서예절은 가정교육의 기본이다. 습관은 한 번 들면 나중에 고치기가 어렵기 때문에 아무리 아이가 어려도 남에게 피해주는 행동은 단호하게 제재해야 한다. 나쁜 습관일 경우에는 더욱 그렇다.

식사예절에 필요한 습관이라 하면 음식물이 입 안에 있을 때는 다물고 씹기, 소리 내지 않으면서 씹기, 음식을 남기지 않기, 밥을 입에 물고 돌아다니지 않기, 음식으로 장난하지 않기 등을 꼽을 수 있다.

웃어른에게 인사하는 예절은 부모가 솔선수범을 보이면 된다. 어른을 만나면 배꼽인사를 하라고 말로만 가르치는 경우가 많은데, 부모가 먼저 배꼽인사를 해보자. 그러면 아이는 금세 배운다. 아이들은 부모의 행동을 그대로 모방하기 때문이다.

아이와 외출을 한 번 하려면 한바탕 전쟁을 치르는 엄마들이 많다. 상담에서 만났던 엄마의 이야기를 소개한다. 이 엄마는 외출준비를 할 때 화장하는 동안 딸아이가 혼자서 옷을 입는 습관을 들였다. 화장을 시작하기 전에 거실 바닥에 아이가 입을 옷을 순서대로 놓아두면, 아이는 엄마가 화장하는 모습을 보면서 속옷부터 순서대로 입었단다. 이 얼마나 지혜로운 엄마인가. 외출하기 전에 시간다툼을 하며 아이와 씨름을 하지 않아도 되고, 즐겁게 외출 준비를 마칠 수 있으니 일석이조다.

아이들은 집에서 받은 스트레스를 바깥에서 푼다

어른도 마찬가지지만, 스트레스를 받은 아이는 그것을 해소하기 위한 행동을 하게 된다. 승민이의 경우에는 무서운 아빠가 없는 유치원을 스트레스를 푸는 곳으로 선택했다고 볼 수 있다. 아이는 내면에 쌓인 분노와 두려움, 불안감, 답답함 등을 양치컵 같은 물건을 던지면서 해소하고 있다. 게다가 말 안 듣는 아이로 낙인찍혀서 매일같이 혼나는 상황을 관심받고 있다고 생각하는 듯하다. 물론 선생님의 지도로 조금씩 나아지겠지만, 집안에서의 스트레스가 줄지 않으면 문제행동을 고치기 어렵다.

꽤 오래전에 한 엄마와 상담했던 내용이다. 병석에 누워서 지내는 아버지 대신 엄마가 고생하는 것을 보고 자란 맏아들은 주위에서 효자 소리를 들을 만큼 집안일을 잘 거들었다. 그런데 어느 날 아들이 학교에서 유명한 일진이라는 사실을 알게 되었다. 엄마가 눈물을 흘리면서 아들에게 물었다.

"어떻게 네가 그런 행동을 했다는 건지 엄마는 믿을 수가 없구나."

아들은 덤덤한 표정으로 이렇게 대답했다.

"공부도 못하는 놈에게 멀쩡한 아버지가 있다는 사실을 알게 된 순간 그 아이를 그냥 둘 수가 없었어요. 나에겐 없는 훌륭한 아버지를 왜 걔네들만 가져야 하는 거죠? 그 애들을 때릴 때마다 승리의 쾌감을 느꼈어요."

자기처럼 부족한 아버지를 둔 아이들을 보면 아무렇지 않았지만, 훌륭한 아버지를 둔 아이들을 보면 견딜 수가 없었다는 아들! 그 아들은 상대적 박탈감과 자신의 불행에 대한 분노감을 폭력으로 풀었다고 할 수 있다. 이처럼 겉으로는 아무 문제가 없어 보여도 상대적 박탈감으로 인한 스트레스는 다른 형태로 변질되어 사회문제로까지 확대될 수 있다.

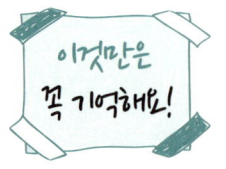

놀이 속에서 허기진 자극을 채워주자

어린아이가 한글, 수학, 영어, 한문 같은 공부를 열심히 해서 부모에게 인정받기는 힘든 노릇이다. 하지만 놀면서 인정받기는 너무 쉽다. 부모들은 아이와 놀다가 그동안 미처 몰랐던 재능을 발견하면 곧바로 칭찬하거나 등을 두드려주어야 한다. 어린아이들은 늘 자극에 배고파하기 때문에 말로만 "잘했네"라고 하는 것보다 머리를 쓰다듬어주거나 엉덩이를 토닥여주거나 하이파이브와 같은 스킨십을 통해 허기진 자극을 채워주어야 한다.

아무리 열심히 노력해도 엄마 아빠의 관심 어린 리액션 반응이나 피드백은 하루에 채 10분이 안 될 것이다. 하지만 그것이 쌓이면 엄청난 시간이다. 많은 시간 놀아주는 것보다 질적으로 어떻게 놀았는지가 중요하듯이, 단 30분을 놀아도 아이의 허기진 자극을 얼마나 채워주었는지가 중요하다. 자극 허기를 하루에 조금씩이라도 채워주다 보면 시간이 흐른 후에는 엄청난 양이 되고, 그 효과는 아이가 커가면서 차츰 나타나게 된다.

나는 아이들이 어렸을 때 늘 같이 다녔다. 은행도 같이 가고, 마트나 동네 슈퍼도 함께 갔다. 아이들과 함께 다니다 보면 마음이 조마조마할 때가 한두 번이 아니다. 아이들은 앞만 보고 걸어다니지 않기 때문이다. 뭔가를 보고 그것을 향해 순간적으로 뛰어가는 일은 예사고, 찻길로 뛰어들 것 같기도 하고, 둘이 서로 말싸움을 하면서 투덕거리다가 불쑥 튀어나오는 오토바이에 놀라기도 한다.

그래서 난 아이디어를 하나 냈다. 두 아이의 손을 양손에 하나씩 잡고 있다가 수신호를 보내면 아이들이 다시 수신호로 답하게 하는 놀이를 생각한 것이다. 내가 먼저 아들 손에 엄지손가락을 3번 누른다. 그 뜻은 "사랑해"다. 세 글자여서 세 번을 누르는 것이다. 수신호를 알아차린 아이는 다시 엄마인 내게 답을 한다. 아이들은 엄지손가락을 두 번 누르는데, 그 뜻은 "나도"다. 이렇게 수신호를 주고받다 보면 아이들은 엄마의 손가락 움직임에 집중하고, 무슨 의미인지 모를 때는 속삭이는 목소리로 묻기도 한다. 내가 귀에 대고 소곤소곤 정답을 얘기해주면 그에 대한 대답을 한답시고 글자 수를 세어서 열심히 엄지손가락을 눌렀다. 그렇게 셋이서 즐겁게 손가락 놀이를 하다 보면 어느덧 목적지에 도착한다. 이제는 다 큰 성인이 된 아이들이 그 시절의 놀이를 기억하고 있을지 모르겠다.

감정을 표현하지 않는 아이,
어떻게 해야 할까요?

올해 세 살이 된 은하는 할머니 손을 잡고 어린이집에 오는데 늘 무표정한 얼굴이다. 그리고 또래 아이들과 다르게 느릿느릿 걸어서 교실에 들어오고, 친구들에게 인사도 하지 않는다.

선생님이 반갑게 인사를 건네도 대꾸하지 않는다. "은하도 '선생님 안녕하세요' 해야지?"라고 해도 물끄러미 바라보기만 한다.

화낼 상황에서도 화를 내지 않아요

친구들과 어울려 노는 일도 없다. 친구들 노는 모습을 한참 쳐다보다가 바닥에 굴러다니는 장난감 하나를 집어 혼자 놀기 시작한다.

"은하야! 친구들이 동물농장 놀이하는데, 은하도 같이할까?"

아이는 여전히 묵묵부답이다. 잠시 뒤, 선생님이 다시 은하에게 말을 붙인다.

"은하는 어떤 동물이 마음에 들어? 기린? 토끼?"

동물 인형을 몇 개 늘어놓고 골라보라고 해도 아이는 인형을 쳐다보기만 한다.

그렇다고 은하가 선생님 말을 듣지 않는 말썽꾸러기는 아니다. 장난감을 정리하자고 선생님이 바구니를 들고 다니면 얌전히 바구니에 담는다.

그림 그리기 시간의 일이다. 평소 장난기가 많은 남자아이가 검정 크레파스 하나를 들고 다니면서 은하를 포함한 몇몇 친구들의 그림에 쓱쓱 선을 그었다.

"왜 그래?"

"하지 마!"

다른 아이들은 고함을 지르기도 하고, 화를 내기도 하고, 밀쳐내기도 했다. 더는 까만 선을 긋지 못하게 하려고 스케치북 위에 넙죽 엎드리는 아이도 있었다. 어떤 아이는 장난친 아이의 팔을 찰싹 때리기도 했다. 엉망이 된 그림에 화가 난 아이들은 이렇게 저마다 반응을 보였다. 그런데 은하는 어떤 반응도 하지 않았다.

친구들도 이제 말을 걸지 않아요

은하는 처음 어린이집에 왔을 때부터 그렇게 반응이 없는 아이였다.

"이름이 뭐야?"

"같이 놀자!"

아이들이 방긋방긋 웃으면서 말을 걸어도, 함께 놀자고 잡아끌어도 대꾸하지 않았다. 짓궂은 남자아이들이 은하의 등을 치고 도망가거나 머리카락을 잡아당겨도 별 반응을 보이지 않았다.

그렇게 시간이 흐르자, 이제 아이들은 은하에게 말을 걸지 않는다. 함께 놀자고도 하지 않고, 장난을 치지도 않는다. 아침에 교실에 들어서도 흘낏 쳐다만 볼 뿐 말을 걸지 않는다.

이 시기의 아이들은 몇 명만 모여앉아도 늘 시끌벅적하다. 별것 아닌 일에도 웃음이 터져서 바닥을 뒹굴고, 역시 별것도 아닌 문제로 꺽꺽 운다. 과자가 먹고 싶어서, 졸려서, 엄마가 보고 싶어서, 친구가 어떤 장난감을 너무 오래 가지고 놀아서 등등 별의별 이유로 떼를 쓰고 운다. 그런데 은하는 웃지도 울지도 떼를 쓰는 일도 없다.

돌봄 부족이 심각해요

은하는 할머니, 할아버지와 함께 산다. 할머니와의 면담에서 은하의 엄마 아빠가 이혼했다는 사실을 알 수 있었다. 아빠는 프랑스에서 공부를 하고 있고, 엄마와는 왕래나 연락이 전혀 없단다.

"아들하고 며느리는 대학 다닐 때 결혼을 했어요. 졸업하자마자 둘이 프랑스로 유학을 떠났는데, 거기서 은하를 가졌지요. 며느리만 한국에 들어와서 아이를 낳았는데, 어린 나이에 공부를 포기하고 애 키우는 게 너무 힘들었던 모양이에요. 결국 둘은 이혼했어요. 나는 프랑스가 복지시설이 좋아서 애 키우기에 좋은 환경이라는 말을 듣고 애를 아빠한테 보냈어요. 그게 잘못이었던 것 같아요."

아이가 아빠에게 가고, 몇 달 뒤에 할머니와 할아버지가 손녀를 보기 위해 프랑스를 찾았다. 그런데 아이 아빠는 몹시 우울해 보였고, 아이는 방치된 상태로 지내고 있었다.

"둘 다 꼴이 말이 아니었어요. 안 되겠다 싶어서 우리가 은하를 데려왔지요."

집에서도 아이가 자기감정을 표현하지 않는지를 묻자, 할머니는 그렇다고 대답했다.

"뭐가 먹고 싶다거나 갖고 싶다고 하면 다 해줄 텐데, 애가 그런 게 하나도 없어요. 좋은 것도 없고, 싫은 것도 없고. 웃기를 하나, 울기를 하나……. 내가 답답한 심정을 이루 말로 다 못해요."

할머니는 부모 없이 지내는 은하가 안쓰럽다며 끝내 눈물을 보였다.

알고 나면 답이 보여요!

은하는 태어나자마자 방치된 상태에서 자란 아이다. 감정표현을 해도 전혀 받아들여지지 않는 환경에서 자란 탓에 내내 자기감정을 표현하지 않게 된 경우다.

극도의 좌절감과 우울증에 빠진 아이

은하는 갓난쟁이 때부터 좌절감과 우울감 속에서 성장해왔다고 할 수 있다. 엄마의 보살핌을 받지도 못했고, 프랑스에서 유학 중인 아빠에게로 보내졌다. 그곳에서도 아빠의 보살핌을 받지 못하고 혼란과 우울함, 외로움 속에서 지내다가 다시 한국으로 돌아와 할머니 손에서 자라고 있다. 우리 어른들이 똑같은 상황을 겪더라도 견디기 힘들었을 것이다. 대학을 졸업하고 처음 회사라는 곳에 들어갔는데, 한 달에 한 번씩 부서가 바뀌는 상황과 얼추 비슷하다고 보면 된다. 어떤 심정이겠는지 생각해보자.

어린이집에서 보이는 은하의 행동은 극도의 좌절감과 우울한 상태로 지낸 아이들의 특징이다. 남과 어울리지 못해서 혼자 놀고, 어떤 일에도 반응하지 않고, 마치 살아있는 인형처럼 지내고 있다.

은하는 놀이치료와 같은 적극적인 개입이 필요한 상황이다. 그동안의 울분, 분노, 우울, 외로움, 애정결핍 등을 놀이치료를 통해 해소하면서 마음을 정화해나가야 한다. 그래야 평범한 아이들처럼 생활할 수 있고, 앞으로 아이답게 자랄 수 있다.

동원할 수 있는 사람들의 사랑과 관심을 모두 쏟아야 한다

이 시기 아이들에게는 사랑과 관심, 칭찬이 자양분이 된다. 부모가 그것들을 주면 가장 좋겠지만 현실이 그렇지 못할 경우라면 주변 사람에게 도움을 청해야 한다. 은하의 경우는 아이를 돌보고 있는 할머니와 할아버지가 그 역할을 대신해야 한다. 아빠와도 자주 통화를 하게 해서 부모 자식 간에 사랑의 끈이 끊어지지 않도록 힘쓰고, 어린이집 선생님에게도 적극적으로 도움을 요청해야 한다. 은하에게는 동원할 수 있는 모든 주변 사람들의 관심과 사랑을 쏟아부을 필요가 있다.

얼마 전에 초등학교 5학년을 대상으로 우울 정도를 조사한 결과가 나왔는데, 가족 간에 외식 횟수가 주 3회인 경우보다 주 2회 이하인 가정의 아이들이 우울 성향이 더 높았다. 외식은 단순히 집 밖에서 밥을 먹는 것 이상의 의미를 가진다. 외식을 할 때 가족들의 화목한 분위기라든지 즐거운 시간을 얼마나 오랜 동안 보냈는가 등이 중요한 요인으로 작용하게 된다.

아이를 낳기만 한다고 모두 부모가 되는 것은 아니다. 부모라는 이름에 걸맞게 제대로 된 역할을 해야 '진짜 부모'라고 할 수 있다. 아이와 어떤 하루를 보냈는지, 어떤 말들을 주고받았는지, 그 안에서 충분한 사랑과 관심을 주었는지를 생각해야 한다.

적극적인 치료활동이 필요하다

놀이치료를 통해 은하의 마음속에 쌓여있는 응어리와 외로움, 돌봄 부족이 낳은 좌절감과 분노 등의 감정을 지속적으로 토해내게 하는 노력을 해야 한다. 특히 역할놀이를 추천하고 싶다. 또한, 미술치료를 병행한다면 더 좋은 효과를 거둘 수 있다. 그림을 통해 무의식 세계를 표출시키게 되면 좀 더 적극적인 치료가 가능해진다. 이 시기의 아이들이 억압된 무의식의 세계를 표출하는 데는 말보다 그림이나 놀이가 더 적합하다.

반에서 친한 친구가 만들어지면 그때 형성된 애착과 결속력으로 다른 친구와도 친해질 수 있다. 어린이집에서 친구들과 놀이를 하면서 자신의 감정을 해소하고, 선생님의 각별한 관심과 사랑이 더해지면 은하는 훨씬 더 잘 적응해갈 것이다. 이렇게 되기까지는 종일반을 다니는 은하가 어린이집에서 즐겁고 신나는 일과를 보낼 수 있도록 총력을 기울여야 한다.

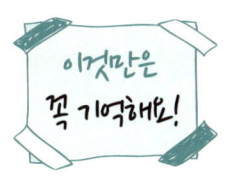
이것만은 꼭 기억해요!

부모 자격도 미리 준비해야 한다

은하의 엄마 아빠는 대학을 다니면서 결혼하고, 졸업 후에 유학을 떠났다. 새로운 곳에서의 적응기간도 필요했을 것이고, 그곳의 문화를 익히는 일도 녹록치 않았을 것이다. 둘 다 유학생인 만큼 가사 분담이나 출산계획에 대한 논의를 사전에 했어야 한다. 예를 들어 공부를 마치면 아이를 낳겠다든지, 공부하는 동안 아이가 태어나면 어떻게 양육할 것인지에 대한 고민이 충분히 이루어졌어야 한다. 그런데 은하의 부모는 그러지 못했던 것 같다. 유학생 신분에서 자신들의 삶에 대해 충분히 고민하고 부모가 되었다면 은하가 좀 더 사랑받는 환경에서 자랄 수 있지 않았을까 싶다.

아이들은 온전히 부모의 사랑을 밑바탕으로 세상을 배우고, 홀로서기를 준비한다. 그런데 은하의 경우는 그렇지 못한 현실 때문에 삶이 너무 힘겹다. 에리히 프롬은 "사랑은 책임"이라고 했다. 나는 이 말을 특히 부모들이 마음속에 새겼으면 한다. 가정이라는 울타리 안에서 엄마 아빠의 사랑과 관심을 받고 자라는 것이 아이에게는 최고의 양육환경이 된다는 것을 유념하자.

예비 부모라면 부모가 될 마음가짐을 갖춘 뒤에 출산할 것을 당부하고 싶다. 부모 될 자격을 갖추고 준비가 되었을 때에야 비로소 아이에게 성숙한 부모가 될 수 있기 때문이다.

친구와 어울리지 못하는 아이,
어떻게 해야 할까요?

우리 아이, 왜 그럴까요?

진수는 다섯 살인데 남자아이치고는 온순하고 느긋한 편이며, 모든 일에 소극적이고 수동적이다. 묻는 말에만 단답형으로 대답하고 선생님에게 먼저 질문하거나 친구에게 말을 거는 일이 드물다.

자유선택 놀이시간이 되면 아이들은 마음 맞는 친구들끼리 삼삼오오 모여서 논다. 하지만 진수는 친구들과 어울리지 못하고 아이들 주위를 어슬렁거린다. 가끔 진수의 손을 잡아끌며 "같이 놀자!"라고 하는 친구가 있어서 그 사이에 끼어 앉아도 영 어색하고 불편한 표정이다.

진수는 장난감을 들고 한쪽 구석에 가서 서너 살짜리 아이들이 하는 놀이를 하며 놀 때가 많다. 진수가 가지고 노는 장난감은 또래 아이들에게 가장 인기가 없는 것들이다. 진수는 아이들이 서로 가지고 놀겠다고 실랑이를 벌이는 장난감에는 아예 손도 대지 않는다. 그 인기 없는 장난감마저도 다른 아이가 탐내면 싫다는 말 한마디 하지 못하고 빼앗긴다.

엄마가 공부를 너무 많이 시켜요

진수는 세 살이 되기 전부터 한글과 수학 공부를 시작했고, 다양한 유아교육 프로그램에 참여했다. 요즘은 유치원이 끝나면 태권도학원과 피아노학원에 다닌다. 집에서는 한글과 수학 학습지를 받아서 공부하고, 저녁에는 컴퓨터 사이트에 접속해 유아 영어교육을 받는다고 한다.

엄마가 교육에 열성적인 데 비해 진수의 인지발달 속도는 평범한 편이다. 인지발달이 빠른 아이들은 다섯 살에도 한글을 읽고 쓰기도 한다. 하지만 진수는 학습지에서 배운 글자 외에는 글자를 제대로 읽지 못한다. 글자를 쓸 때도 획을 빼거나 더하는 일이 잦다.

엄마는 고3 수험생에 맞먹을 정도로 빡빡한 일과표를 짜놓고, 진수가 몹시 아프거나 다치지 않는 한 어기는 법이 없다. 그래서인지 진수는 아프다는 말을 자주 한다. 그럴 때마다 엄마는 "너 꾀병 부릴 거야? 엄마한테 혼나 볼래!"라고 윽박지르며 야단친다.

또래들이 다 아는 만화 주제가를 모르는 아이

언젠가 선생님이 초대를 받고 진수네 집을 방문한 적이 있다. 흔히 거실에 TV가 놓여있기 마련인데, 진수네는 거실 양 벽에 커다란 책장이 자리 잡고 있었다. 책장에는 고가의 그림책과 교육용 전집들이 빼곡했다.

"재미있는 책이 많네. 그림책, 많이 읽었구나?"

선생님의 말에 진수는 고개를 가로저으며 이렇게 말했다.

"시간이 없어서 못 봤어요."

유치원에서 박물관 견학을 간 적이 있다. 차 안에서 한 아이가 TV 만화 주제가를 부르기 시작했다. 그러자 모든 아이들이 소리 높여 노래를 따라 불렀다. 진수는 어리둥절한 표정을 짓다가 이내 창밖으로 고개를 돌렸다.

노래를 다 부른 아이들은 만화에 나오는 캐릭터들을 이야기하면서 서로 자기가 좋아하는 캐릭터가 최고라고 떠들었다. 그때도 진수는 아이들의 대화에 끼지 못했다.

아이의 정서 발달에는 관심이 없는 엄마

진수네는 아빠, 엄마, 두 살 된 동생까지 네 식구다. 진수 엄마는 마흔이 넘어서 진수를 낳았는데, 임신 6개월 때부터 임신 관련 질환으로 병원에서 지냈을 정도로 고생이 많았고 그 뒤에는 심한 우울증을 겪었다고 한다.

"그때는 애가 울어도 그냥 물끄러미 바라만 봤어요. 모유가 나오지 않아서 분유를 먹였는데, 애한테 젖병 물리는 것도 버거울 정도였죠."

선생님은 엄마와 상담을 하면서 진수가 태어나면서부터 뚜렷한 주 양육자 없이 여러 어른들의 손을 거치며 자랐다는 사실을 알았다.

"친정 엄마는 연세가 많아서 진수를 돌봐줄 수 없었어요. 시어머니가 3개월 정도 봐주셨는데 어머니도 지병이 있어서 결국 지방에 사는 친정 언니가 진수를 데려갔어요. 언니도 남매가 있어서 8개월 때부터 진수를 어린이집에 보냈어요. 그런데 어린이집의 선생님도 자주 바뀌었죠."

요즘에는 엄마가 퇴근하면서 이모네 집에 있는 진수를 데려간다.

"1년 반 전에 시집에 들어가서 살게 되었어요. 제가 직장생활을 하기 때문에 다시 어머니가 진수를 돌봐야 했거든요. 그러다 몇 달 전에 분가를 했고, 때마침 지방에 살던 언니가 근처로 이사를 와서 도움을 받고 있죠."

진수 아빠는 자상한 편이지만 아이 키우는 것은 엄마 몫이라고 생각해서 아이 양육에 방관자적 태도를 취한다고 했다. 주말에도 등산과 자전거 하이킹 등 자신의 취미생활을 즐기느라 아이와 놀아주거나 시간을 보내는 일이 거의 없단다. 설상가상으로 진수 엄마는 아이를 너무 엄하게 키우고 있으며 교육에 과도한 욕심을 내고 있다. 아이의 정서에는 전혀 관심이 없고, 그 중요성조차 인식하지 못하는 실정이다.

진수는 어려서 엄마의 돌봄 부족이 심각했던 아이다. 할머니와 이모, 그 이후에는 어린이집 선생님의 보살핌을 받으며 자랐다. 주 양육자가 거의 없다시피 자란 셈이다. 부모 입장에서는 어쩔 수 없는 상황이었다고 변명할 수 있다. 그러나 그런 환경에서 자란 아이는 정서 사회적인 문제를 보이기 시작한다.

학습 스트레스가 병을 키운다

진수 같은 아이는 엄마가 애착형성에 각별히 신경 써야 하고, 아이가 친구들과 잘 놀 수 있도록 도와줘야 한다. 말하자면 한글교육이나 수학교육보다 부모와 즐거운 놀이를 하면서 자신이 사랑받고 있다고 느끼게 해야 한다. 그런데 진수 엄마는 정반대로 움직여서 너무 일찍 학습을 시작했다. 만 2세 전에는 아무 소용이 없는 한글, 수학교육을 시키면서 아이의 스트레스만 가중시킨 것이다. 진수가 자주 아프다고 하는 이유도 거기에 있다. 그 모든 과제에서 벗어나기 위한 자기만의 비상구를 찾는 것이다.

정서적으로 불안한 아이가 1등하는 경우는 없다

학령 전 아이들을 키우는 엄마들은 인지발달보다 정서사회성 발달에 관심을 기울여야 한다. 엄마들은 학교에 들어가서 공부를 잘하려면 일찌감치 시작하는 게 좋다고 생각해서 각종 학습지며 학원을 보내지만 결과적으로는 오히려 역효과만 난다. 학교 가서 공부도 잘하고 리더십을 발휘하는 아이로 키우고 싶다면 오히려 정서사회성에 집중해야 한다.

주변에서 전교 1등 한다는 아이, 반에서 1등 한다는 아이를 살펴보자. 정서적으로 불안하다든지, 사회성이 떨어져 혼자 노는 아이가 있는가? 친구들과 잘 어울리지도 못하고 남을 배려하지도 않으며 혼자 있는 것을 좋아하는 아이가 공부만 1등 하는 경우는 거의 없다.

엄마의 욕심은 아이를 병들게 한다

딸이 8개월 때부터 영재원을 데리고 다녔다는 엄마를 상담한 적이 있다. 영재원에서 어떻게 공부를 하느냐 물었더니, 엄마가 아이를 안고 있으면 선생님이 카드를 여러 장 들고 한 장씩 넘기면서 반복학습을 한다고 했다. 아이가 싫어하는 것 같으면 젖병을 입에 물려놓고 더 꽉 껴안아서 시간을 채웠단다. 영재원을 다닌 지 1년 정도 되었을 때, 영유아발달검사를 받기 위해 소아과에 갔는데 간호사들이 의료 차트를 넘기는 것을 보더니 아이가 싫다는 반응을 심각하게 보였단다. 아이가 그것을 영재원 학습으로 인식한 것 같아서 그때 영재원을 그만두었다고 했다.

엄마의 욕심이 그야말로 하늘을 찌른 경우라고 할 수 있겠다. 남들보다 서둘러서 시작하면 다른 아이들보다 인지발달도 빠르고 똑똑하게 키울 수 있을 거라고 생각했지만, 실상은 그 반대의 결과만 낳았다. 학습을 너무 일찍 시작한 아이는 배우는 것 자체를 힘겨운 과제로 받아들이고 공부를 지겨워해서 공부에 대한 흥미를 잃고 만다.

본격적인 학습은 초등학교 입학 전에는 하지 않는 게 좋다. 두뇌발달 과정에 따르면 학습과제를 쉽게 받아들이고 재미를 느끼는 시기는 학교에 입학한 후부터다. 이때부터 시작해도 절대 늦지 않다. 엄마의 조급한 마음을 내려놓고 아이의 발달단계를 고려하여 학습을 받아들일 준비가 될 때까지 기다려줘야 한다.

조기 영어교육의 열풍은 어제 오늘의 일이 아니다. 그런데 영어를 비롯한 외국어를 잘하기 위해서는 국어교육이 먼저다. 전문가들은 국어 수준이 어느 정도 완성되는 초등학교 3학년 때 영어를 시작해도 늦지 않다고 말한다. 영어만 잘하려고 신경 쓰다가 국어는 못하는 경우를 종종 볼 수 있는데, 모국어가 제대로 뿌리를 내려야 영어도, 중국어도 모국어 수준만큼 할 수 있다. 언어전이가 일어나서 다른 언어를 좀 더 쉽게 받아들이기 때문이다.

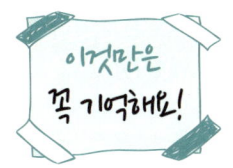
이것만은 꼭 기억해요!

1. 어린아이의 학습은 뛰어노는 것이다

진수는 하루 빨리 놀이치료를 필요로 하는 아이다. 놀이치료의 목표는 애착형성, 애착증진, 자아존중감과 상호신뢰, 소속감을 높이는 데 있다. 처음에 부모는 관찰자 역할만 하다가 아이의 증상이 호전되면 협조 치료자로 놀이에 참여하게 된다. 놀이치료를 통해 아이는 놀이를 좋아하게 되고 즐기게 된다.

'논다'는 뜻의 '레크레이션recreation'이라는 단어에는 '재창조'의 의미가 있다. 노는 만큼 성공한다는 말도 있듯이, 잘 노는 사람이 일에 대한 에너지도 많이 가지고 있다. 그런데 토요일, 일요일도 없이 계속해서 일만 한다면 어떻게 될까? 얼마 지나지 않아 심신에 문제가 생기게 될 것이다.

공부를 많이 하면서 유아기를 보낸 아이보다 잘 놀고 즐겁게 뛰어노는 아이가 앞으로 인재가 될 가능성이 더 높다. 우리 부모들이 선행학습만 시키지 않아도 아이들은 즐겁고 건강하게 자랄 수 있다. 우리나라는 책문화가 아니라 학습지문화를 가진 나라라고 표현한 사람이 있다. 언젠가 유명 학원장으로부터 "좋은 성적은 책을 얼마만큼 읽었느냐가 아니라 문제집을 몇 권 풀었느냐에 달려 있다"는 말을 들은 적도 있다. 우리나라의 교육현실이 얼마만큼 심각한 위기에 처해 있는지를 짐작하게 한다.

2. 아이는 부모의 칭찬을 먹고 자란다

부모교육 강의를 할 때마다 나는 아이의 칭찬거리를 찾아서 하루에 5번씩 칭찬하라는 당부를 한다. 엄마고 아빠고 대부분 한결 같은 반응을 보인다.

"우리 애는 야단맞을 일만 골라서 해요."

"하루에 세 번도 힘든 마당에 어떻게 다섯 번을 해요?"

부모들의 솔직한 심정일 것이다. 조언을 하자면, 현명하게 야단치고 칭찬하는 방법을 찾으면 된다. 가령, 야단칠 일은 모아서 한 번에 끝내라. 대신에 찾아낸 칭찬거리는 틈 날 때마다 수시로 하면 된다. 집안 분위기가 완전히 달라질 것이다.

요즘처럼 칭찬하기 쉬운 세상도 없다. 스마트폰 문자나 카톡만 이용해도 칭찬은 어려운 일이 아니다. 아이가 뭔가를 자랑하기 위해 문자를 보내왔을 때는 당연하다는 듯 심드렁한 반응을 보여서는 안 된다. 아이보다 더 기뻐하는 반응을 보이고, '너무 대단하구나' 하는 칭찬과 찬사를 아끼지 말아야 한다. 반대로 시험을 보는데 너무 많은 실수를 해서 점수가 많이 떨어졌다는 문자가 왔다면 "맨날 게임만 하더니 내 그럴 줄 알았다"는 반응은 절대 안 된다. 실망했을 아이의 마음을 먼저 읽어주고 "기회는 얼마든지 있어. 다음번에는 좀 더 노력하면 돼. 지금은 네가 커가는 과정에 불과하단다"라고 답을 해줘야 한다. 엄마의 어릴 적 실수담도 곁들이면서 용기를 북돋아주면 더 좋다.

아이에게 엄마는 공기와 같은 존재이다. 엄마의 관심과 칭찬, 격려, 위로, 용기는 아이가 자라는 동안 꼭 필요한 것들이다. 우리 아이들은 엄마 아빠의 칭찬을 먹고 자란다는 것을 꼭 기억하기 바란다.

"미리 알았다면 얼마나 좋았을까?"

후회 없이 아이를 키우고 싶은 부모들을 위하여!

아이를 키우는 일은 쉬운 일이 아니다. 그런데 훌륭한 인재를 키워낸 '훌륭한 어머니'가 인터뷰를 하면서 이런 말을 하는 장면을 본 적이 있다.

"우리 아이는 제가 특별히 해준 것이 없어요. 그래서 아이 키우는 동안 힘든 일이 없었답니다."

글쎄다. 물론 그 말이 사실일 수도 있을 테지만 아이를 낳고 키우면서 자녀문제로 걱정이나 고민거리가 없다는 부모는 거의 없다. 그런 부모들의 근심과 걱정, 불안감을 덜어주고 싶다는 생각으로 썼던 이 책이 도움이 되었기를 바란다.

초보 엄마시절에는 아무리 사소한 문제라도 아이와 관련된 것이면 머리를 싸매고 전전긍긍하기 마련이다. 솔직하게 털어놓고 고민을 함께할 수 있는 사람이라도 있으면 좋은데, 혹시나 아이에게 해가 될까 싶어 그러기도 쉽지 않다. 그런 엄마들에게 이 책이 '내 아이의 행동이 그렇게 이상한 게 아니었구나' 하는 안도감을 주고, '내 아이를 위해 부모인 내가 먼저 변해야겠다'라고 실천할 수 있는 동력을 만들어주었다면 나 개인적으로는 충분히 만족한다.

아이에게 도움이 필요할 때, 그 시기를 놓치지 마라

"도대체 아이가 왜 그런 걸까요?"

아이의 이런저런 문제 상황을 가지고 걱정이 가득한 표정으로 찾아오는 부모들이 많다. 열이 나고 몸에 오톨도톨 뭔가가 올라오면 아이를 안고 병원에 달려가면 될 일이다. 그런데 '쟤가 갑자기 왜 저러지?' 하는 이상행동을 보이면 당황해서 어쩔 줄 모르는 게 부모들의 현실이다. 게다가 주변 사람들에게 아이가 평범하지 않다거나 문제가 있는 것 같다는 말이라도 듣게되면 그 불안감과 당혹감은 말로 표현할 수가 없다.

부모의 성향에 따라 아이의 문제를 대하는 태도가 크게 다른데, 특히 문제가 될 수 있는 두 부류의 부모가 있다. 하나는 아이의 모습에서 전혀 문제될 게 보이지 않는데도 문제라고 과잉반응하거나 아이가 이상하다고 해석하는 부류이고, 두 번째는 문제행동이 분명해서 상담이나 치료가 필요한 아이를 "조금 더 크면 괜찮아질 거예요. 애가 좀 늦돼서 그런 건데 뭐가 문제라는 거죠?"라고 막연한 믿음을 가지는 부류이다. 하등 문제될 게 없는 아이를 문제가 있다고 바라보는 시선은 정말로 문제 있는 아이로 키울 가능성이 높고, 반대로 가벼운 상담치료로 좋아질 아이를 방치하면 호미로 막을 일을 가래로 막아야 하는 심각한 사태로 키우게 된다.

　인간은 누구나 가치관이나 생각이 다르기 때문에 똑같은 상황이나 모습을 보고도 전혀 다르게 해석하는 경우가 많다. 그러나 아이 문제에 있어서만큼은 객관적이고 이성적인 판단으로 그때그때 적절한 도움을 주어서 결정적인 시기를 놓치지 말아야 한다. 아이를 다 키운 부모들이 "미리 이런 것들을 알았다면 얼마나 좋았을까요?"라고 후회하는 말을 많이 한다. 후회 없이 아이를 키우고 싶은 것은 모든 부모들의 희망사항일 것이다. 이 책이 그 꿈을 위해 노력하는 부모들에게 격려와 응원이 되었으면 좋겠다.

보는 대로 배우는 아이들

초판 1쇄 발행 2013년 10월 29일
초판 2쇄 발행 2014년 6월 4일

지은이 허영림
펴낸이 김옥희
펴낸곳 아주좋은날
기획편집 이미숙, 박소연
디자인 안은정
마케팅 최현욱, 김혜경

출판등록 2004년 8월 5일 제16-3393호
주소 서울시 강남구 테헤란로 201, 501호
전화 (02) 557-2031
팩스 (02) 557-2032
홈페이지 www.appletreetales.com
블로그 http://blog.naver.com/appletales
페이스북 https://www.facebook.com/appletales
트위터 https://twitter.com/appletales1

ISBN 978-89-98482-14-5 13370

이 도서의 국립중앙도서관 출판시도서목록(CIP)은 서지정보유통지원시스템 홈페이지(http://seoji.nl.go.kr)와
국가자료공동목록시스템(http://www.nl.go.kr/kolisnet)에서 이용하실 수 있습니다.
(CIP제어번호 : CIP2013019687)

아주좋은날 은 애플트리태일즈의 경제 실용 전문 브랜드입니다.